费钧德·人文情怀

主编 ◎ 陆雨欣

文汇出版社

图书在版编目（CIP）数据

费钧德·人文情怀 / 陆雨欣主编． -- 上海：文汇出版社，2020.11
　ISBN 978-7-5496-3385-2
　Ⅰ.①费… Ⅱ.①陆… Ⅲ.①报告文学－作品集－中国－当代 Ⅳ.①I25

中国版本图书馆CIP数据核字(2020)第225587号

费钧德·人文情怀

主　　编 / 陆雨欣
责任编辑 / 熊　勇
出版策划 / 唐根华
装帧设计 / 金雪斌

出版发行 / 文汇出版社
　　　　　上海市威海路755号
　　　　　（邮政编码200041）
印刷装订 / 常熟市东张印刷有限公司
版　　次 / 2020年11月第1版
印　　次 / 2020年11月第1次印刷
开　　本 / 787×1092　1/16
字　　数 / 205千
印　　张 / 14

ISBN 978-7-5496-3385-2
定　　价 / 58.00元

《费钧德·人文情怀》编辑委员会编

编辑委员会名单

顾 问
费钧德

策 划
唐根华

主 编
陆雨欣

委 员
沈 春、杨 晔、陶振扬、
胡清涛、唐佩军、闵燕华、董 昊

秘 书
闵燕华（兼）

前 言

　　生活中的每个人都有至善情怀，这是一种深沉的心理潜质，倘若人们积极行动起来，最终的原动力依然发自内心的一份初心——对真善美执着的追求。人生理想及目标的奥秘，就在于他内心与之相接通。

——浦东的一位作家曾经这样说

　　《费钧德·人文情怀》一书终于问世。这是一本采撷费钧德先生50多年的生活片段，它真实地记录从不同侧面描绘他通过艰苦创业、开拓创新、攻坚克难、不断改革，带领界龙村民走上共同富裕的非凡征途；他率先倡导企业搞联营、上市，然后响应政府号召企业搞改制，让界龙企业一步步发展壮大，赢得市场，走向国际，创造了一个又一个奇迹。费钧德先生是一个有创意、有担当的企业家，有着发展乡村文化、关注社会民生的人文情怀，激励着人们为发展界龙经济，谋求人民生活美满幸福而奋斗。

　　费钧德先生是中国印刷界的传奇人物。在改革开放40余载岁月里，费钧德先生与时俱进，不忘初心，团结奋进，锐意创新，坚韧不拔书写企业辉煌的故事，用智慧实现翻天覆地的神奇，迎来了界龙腾飞、社会稳定、经济发展、民生富庶的大好局面。界龙村、界龙企业有这样优秀的创业者、引路人而感到骄傲。

追求真善美，这是费钧德先生的人格魅力。他的柔软表现在：爱在平淡中温暖；情在相守中丰盈。总有一次相遇，让山水相依偎；总有一次心动，让天涯化咫尺。一份情，在风的呢喃里，柔柔诉说；一份念，在雨的柔情里，轻轻曼舞。牵着彼此的手，走进对方心中，感受彼此的暖，深知对方的意。

爱是一场生命的历练，爱是心甘情愿的理解包容，爱是清浅岁月下的动人温暖。心与心彼此靠近，魂与魂彼此相依，丝丝缕缕的思念，平平淡淡的温暖，时光有限情无限，岁月易老爱永恒，淡淡红尘情亦长，温暖岁月爱更浓。

本书作者以报告文学、长篇通讯的形式，叙述费钧德先生在界龙村民和企业职工中生动而真实的生活故事，展示费钧德先生新时代的民营企业家及他光辉的人生。

这次我们组织的近 20 位浦东作家和学者，经过深入采访和座谈，用他们手中的笔，留住费钧德先生昔日艰苦创业的记忆，从不同侧面大写费钧德先生弘扬真善美的风采，用一个个生动的故事来诠释费钧德先生可敬可爱的风格和高尚情操，激励广大干部群众团结奋进，在新时代中国特色社会主义思想指引下创造更大的辉煌！

编者 2020 年 11 月 8 日

目 录 CONTENTS

001 / 费厂长育龙记　　□夏友梅
　　　——上海界龙彩印厂厂长费钧德创业的故事

007 / 峥嵘岁月风华茂　　□唐佩军
　　　——费钧德与美国总统克林顿六分钟交谈始末

015 / 对生活、对现实不断地思索　　□何国胜
　　　——记费钧德先生创业的峥嵘岁月

030 / 界龙实业在审时度势中前行　　□今　音
　　　——界龙的格局是以世界一流印刷企业为前行标杆

043 / 家庭梦融入中国梦，一家两代追梦人　　□冯瑞兴
　　　——见证中国改革开放40周年的上海界龙集团有限公司董事长费钧德

054 / 铭记对乡亲不变的承诺　　□任端正
　　　——记上海界龙集团董事长费钧德

065 / 一心为村民谋福利的领军人物　　□庄岳峰
　　　——记引领"界龙"腾飞的"黄金搭档"费钧德、费全标同志

082 / 母慈父爱暖儿女　　□陈志超
　　　——上海界龙集团总裁费钧德访谈

091 / 心怀真情至善办实事　　□严志明
　　　——记上海市浦东新区川沙新镇原界龙村党委书记费钧德

100 / 初心与梦想　　□陆雨欣
　　　——记上海界龙集团董事长费钧德

106 / 两步妙棋　让界龙腾飞　　□陆雨欣
　　　——记艰苦创业阶段界龙企业掌舵人费钧德

112 / 军功章上也有你的血汗　　□陆雨欣
　　　——费钧德的婚姻

122 / 村企联动　振兴家乡　　□陆雨欣
　　　——记上海界龙集团董事长费钧德

129 / "三治三效"绽开绿色环保之花　　□邵天骏
　　　——界龙集团董事长费钧德推动企业可持续发展二三事

144 / 人人学习《劝民歌》家家撰写家训词　　□吴树德
　　　——记界龙村的《劝民歌》《家训词》和实践现代生活

153 / 党建激活企业创新发展的红色引擎　　□徐　玲
　　　——界龙集团党建风采巡礼

156 / 问渠那得清如许　　□陶振扬
　　　——费钧德的教育思想初探

163 / 梦回界龙　　□陶振扬
　　　——回忆我在费钧德先生身边工作的岁月

169 / 文学路上的资助人　　□唐根华
　　　——记上海界龙集团董事会主席费钧德

173 / 一个村办厂长的人生片段　　□曹刚强　蔡贡民
　　　——记上海界龙彩印厂厂长费钧德

177 / 界龙人民心中的公仆　　□董　昊
　　　——记界龙集团董事长费钧德先生

199 / 人生依旧笑春风　　□蔡贡民
　　　——费钧德轶事

作　　者：夏友梅
创作格言：以实干书写人生，
　　　　　用奋斗镌刻荣光！

费厂长育龙记

——上海界龙彩印厂厂长费钧德创业的故事

奇怪奇怪真奇怪，外国人在上海招标购买包装盒，这消息宛如龙卷风一样席卷申城。事情是这样的：西德客商阿道夫看中了我国小巧、清逸、秀雅，具有东方神韵的手帕，但就是找不到理想的PVC高级包装盒。俗话说：重赏之下必有勇夫。阿道夫以每只1.5元美金的代价委托外贸公司找企业生产4万只PVC高级包装盒，结果，不是质量不过硬，就是技术不过关。最后贴招标广告，来寻觅生产厂家。

时间一天一天过去，离交货日期只有7天了，还是八字没一撇。正当阿道夫走投无路时，门外走进一个人。此人中等身材，30岁上下，圆嘟嘟的脸，红里带黑,黑里透红。他叫费钧德,是界龙彩印厂厂长。阿道夫将来客上上下下打量一番,见来者头发乱蓬蓬,衣裳旧通通,脸色红彤彤,认为是个农民兄。他从嘴上取下胡萝卜粗的雪茄,冷淡地说:"你走错了,这里是西德兰林公司的驻沪办事处。"

费厂长微笑着说:"没错,你不就是在门口张贴招标广告的阿道夫先生吗?"阿道夫见对方谈吐不凡,忙趋前一步说:"对,我们正在中方招能人贤士,你是——""我姓费,是界龙彩印厂厂长……"阿道夫一听是界龙,一丈水退了八尺,挥手说:"费厂长,我是一个'上海通',你们界龙,我知道,一爿村办印刷厂,专门印印信壳、信纸的小儿科工厂,是假龙,不是真龙……""不!"费厂长打断了他的话说,"阿道夫先生错了,那是十年前的事,现在开发浦东啦!今天的界龙,不是当年的假龙了,我伲厂里人是龙,设备是龙,产品也是龙,这次你们的PVC包装盒,我伲一定能三龙抢珠,一举成功。"说着,从公文包里取出一个瘪塌塌的纸包,塞到阿道夫面前,"这是我伲全厂职工的一点心意,请你收下吧!"阿道夫一呆,稍顷笑了笑说:"费厂长,你的雄心壮志我表示钦佩,但你们要生产这种盒子可是龙身上剥鳞——办不到。至于礼嘛,我们外国人是不开后门的,不容许收礼的。"

费厂长知道他误会了,忙说:"阿道夫先生,这不是什么高级礼品,而是我伲的'育龙样品'。"阿道夫一听急忙接了过来,打开一看,人顿时像墙角的落地空调,呆着不动了。半天他才回过神来说:"喔,——太好了!"他盯着这只香烟盒大小的包装盒,只见盒盖PVC透明塑料纸上印了五彩花纹和美丽的图案,盒的四周镶嵌着淡银灰的凹凸形花纹,特别是盖中央的一条精美的彩龙,正腾空飞舞。将手帕装在盒内,好似东方少女穿上轻纱,驾着彩龙,邀游太空。阿道夫频频点头:"你们浦东人了不起,真是了不起!"

原来费厂长看到那张招标广告后,一直在想,界龙要成为真龙腾飞起来,只有把产品打到国外去。经过近一个星期的攻关苦战,终于试制成功了这只"龙"盒。

阿道夫捧着样品盒,感激地说:"你真是我的救命恩人,我要4万盒!"

费厂长眼睛一亮，兴奋地说："好！保证完成！""慢！"阿道夫又看了看样品说，"这东西能成为一条真的龙，还须画龙点睛。""画龙点睛？"费厂长心头一凛。

阿道夫指着盒盖上的彩龙，要费厂长在彩龙的背后加上一种高于塑料纸的透明度，使龙更活，更有神采。"这个……"费厂长心里在盘算。他知道这个要求在工艺上须下一番功夫。

"请在7天之内完成！要说到做到，不放空炮！""7天？"费厂长想了一想，只要能使界龙这条彩龙腾飞起来，就是到龙口拔牙，我也要豁出去，搏上一搏，于是就像吃了龙胆似的铿锵有力地回答："签！"

阿道夫取出了合同书，刚准备签约，突然，他将笔一搁，因为阿道夫与村办企业打交道是"外国人吃大闸蟹——第一回"，难免有点不放心，所以又认真地说："费厂长，签订合同，不是你们正月半玩龙灯，白相白相的。白纸黑字写定之后，到时候交不出合格的产品，可要赔款40万美元。""这个我知道，如果你不信任我，我可请外贸公司担保。"就这样，一份价值22万美元的合同签了下来。

费厂长回到厂里，立即召开了厂级干部会议，通报了这件大事。这些厂级干部大多是当年白手起家的患难知己，他们佩服费厂长的胆略和事业心，将起初只有2台旧脚踏圆盘机、6名职工的印刷作坊，发展到目前有一定规模、有一定影响，还有成套外国先进设备、产值有7000多万、利润超千万元的界龙彩印厂。但现在一听与西德客商订了22万美元的高级包装盒，而且要在7天之内完成，个个都在手心里捏了一把汗。这个说，人家大厂都干不了，我们的胳膊怎能去拧大腿呢？那个说，外国人是不好惹的，洋钞票是难赚的，弄不好，我们的10年家当被这场龙卷风刮得滑塌精光。还有的劝费厂长去退约，太太平平做点小生意，不要人心不足蛇吞象，弄得个吃不进，吐不出。

费厂长听了大家的发言，没有发火，没有泄气，他笑了笑，认真地说："当初办厂的时候，大家不是有言在先，要曲蟮修龙，让假龙变真龙，真龙变飞龙。现在飞的机遇来了，怎么敲退堂鼓？只有跳上龙背，驾龙起飞。"全体厂级干部听了费厂长的话，句句像龙角一样绷绷硬，个个来了劲，说："界龙飞得快，全靠龙头带。只要你龙头一句话，我们龙尾就跟你甩！"

阿道夫签好合同的头天晚上，可以说是他这些天来最轻松愉快的一个晚上。但一天过去了，他又坐立不安了。因为第二天他打电话给费厂长，办公室里的龙妹告诉他，费厂长正在攻关，眼睛熬红了。第三天他从电话里听到的是，费厂长两天没吃饭了，眼睛红肿得凸出来了。第四天他又打电话，对方回答费厂长攻关攻得人倒了。这对阿道夫来说是个沉重的打击。

第五天他决定派人去查看个究竟，结果派去的人回来报告说，费厂长失踪了。阿道夫听到这个消息，就像当头被甩了一记龙尾巴，眼前金星直冒。偏偏在这个节骨眼上，老板又从西德打来电话询问。他只得如实地将情况做了汇报。谁知老板听了以后，二话没说，就将电话"咯笃"搁了。他知道这是不祥之兆，心想，费厂长啊费厂长，你飞了，我死了。好不容易挨到天亮，他立刻驱车来到界龙彩印厂。他一下车，立即直奔厂长室，厂长室果真大门紧闭。他再来到胶印车间，里面空荡无人，只有四堆排列整齐的盒子板。他抽一张看，是自己需要的货，但就是透明度没有解决。再找人询问，才知道厂里因为攻不了关，工人无事可干放了假，费厂长已经两天没有上班了。阿道夫一看，知道这4万只包装盒是"巨龙放屁——落空"。心想，逃得了和尚逃不了庙，我只有找律师打官司了。于是他立即回到上海，找了一位有名的律师，起草一份诉讼书，准备明天拖费厂长上法庭打官司。

第二天，天一亮，也就是第7天早晨，他又直奔界龙彩印厂。就在他的车子快到界龙的时候，只见门口挤满了人，厂里还响起"砰砰嘭嘭"的炮仗声。他心想：中国古代不是有个诸葛亮吗？这一定是他们学诸葛亮在摆空城计！我要把这条假龙抽筋剥皮，曝光于天下。于是他立即催驾驶员加大油门。"呼"的一声，车子飞进了大门。他"啪"地打开车门，"忽"地钻了出来。迎面墙上的标语落进了他的眼帘："热烈欢迎阿道夫先生光临我厂！""完成PVC，彩龙飞上天！"阿道夫想，哼，还在摆迷魂阵！他夹了皮包，气冲冲地直奔厂长办公室。

龙妹沏上一杯茶，微笑着说："阿道夫先生，先喝杯龙井，费厂长顷刻就到。"阿道夫不耐烦地说："现在我不需要龙井，我是要费厂长去法庭！"话刚说完，门口出现了一个人，吓得阿道夫倒退两步，差点晕了过去，口里还"龙、龙、龙"不停。原来，那人胡须长得像龙须，眼睛红肿得像龙眼，头发乱得像矗立的龙角，衣裳、裤子上红一块、黄一块、绿一块、白一块，像一片片五彩缤纷的龙鳞。半晌后，他才结结巴巴地问："你，你，你是——"进来的是啥人呢？他正是阿道夫要找他去法庭的费厂长。

费厂长为了这个另有一功的透明度，7天7夜没有好好地合上一眼，在机器上爬上钻下，所以弄得他像龙的化身。

费厂长见阿道夫吓得这样，不由大笑起来："怎么？阿道夫先生连我都不认识了！"阿道夫一听声音，立即拿出合同，不客气地说："费厂长，我们一切要按合同办！"费厂长笑笑回答："对！按合同办。我们厂从来没违反过合同。不信，你看！我们还是八连冠的信得过企业！"说完，指了指墙上的荣誉证书。

"那好，你说，40万什么时候给我？"费厂长立即纠正说："不，应该是4万。"阿道夫一听要赖掉一个零，这还了得，就将合同递到他的眼前："你看！白纸黑字，明明白白。"费厂长一看，笑着说："你说的是赔款40万美元。""对！你到现在还拿不出一只盒子，怎么不赔款呢？""阿道夫先生！放心吧！到期如数交货。"阿道夫摇头说："今天不就是到期了吗？你还八字没一撇呢？""谁说八字没一撇？现在我们正在写一捺呢！"

阿道夫冷笑着说："费厂长，你的空城计该收场了。""空城计？"费厂长听了哈哈大笑起来。他将阿道夫一把拖到窗口，指着下面装得满满的卡车说："这就是你要的货，一共2万只，还有2万只到下午2点钟装车。"阿道夫望着停车场上的卡车，半信半疑，心想：这一定是将堆在车间里的盒子毛坯以次充好，一交了事，所以郑重地说："费厂长，我要的是必须经过画龙点睛、增加透明度的龙盒。你如果是滥竽充数，鱼目混珠，我是要拒收的。"

费厂长见他还是不信，就将他拖到楼下卡车旁："阿道夫先生，请验货！"

阿道夫掀开油篷，随意抽了几只一看，只见盒中的彩龙在阳光的照射下，熠熠生辉，灿烂夺目。他握住费厂长的手激动地说："你们中国人的魔术是世界有名的。你不是一位魔术师，怎么一下子就将盒子变了出来？"

费厂长不是魔术师，但他是一位育"龙"师，为了解决这个透明度，他煞费苦心干了三天三夜，但没有结果。他知道，设备虽然更新了，但是技术还没有跟上。听人说，无锡印刷厂技术力量雄厚，人才济济，就连夜赶到无锡去觅宝。开始时，对方厂长一口回绝。但费厂长拿出十二分的诚恳，二十四分的龙劲，终于感动了上帝，对方派了工程师一起攻关。经过一天一夜的奋战，20多次反复试验，终于解决了增强透明度的技术问题。接着他们又马不停蹄地赶回界龙，将印制好的毛坯盒子进行亮度处理。

费厂长望着兴奋的阿道夫，笑笑说："现在你该安心喝龙井了吧！"阿道夫呷了一口龙井茶，觉得满肚清凉、甜醇。突然，他摸出那份诉讼，"哗哗哗"撕个粉碎，将它丢进废纸篓，并拉住费厂长的手，动情地说："你是一个'育龙能手'，是一位名副其实的育龙腾飞的龙厂长。"

附注：费钧德厂长的说明：

实际上要解决的不是透明度，因为当时我国还造不出PVC硬片，所以都是从日本进口的材料，主要是模切成型第一次碰到，因为是PVC硬片，一上模切机就会爆裂。为此，进行模切攻关，当时因落后，还采购不到高频模切的设备，所以在纸张模切机上进行模切成型，可以说我们是第一家能解决的企业，后来终于在这传统的模切机上顺利地模切出有棱有角的PVC透明盒盖。

再说，样品是用刀手工划出来的，不爆裂，但大批量的要上机械模切就发生问题了，后来终于摸索出模切上的难点，当时作为我厂的机密不外传。

作　者：唐佩军
创作格言：平凡也能超越自我。

峥嵘岁月风华茂

——费钧德与美国总统克林顿六分钟交谈始末

繁华的浦东陆家嘴金融贸易区，矗立着一幢集建筑美学与现代科学为一体的智能型建筑。这幢建筑敞开式的巨门造型、凌空横跨的63米天桥、外罩银白色铝合金板的米字形网立面，显露出全钢结构的稳重与坚固。对这幢极富时代感的建筑——上海证券大厦，上海界龙集团董事长费钧德有着特殊的感情。

"忆往昔峥嵘岁月稠。"1998年7月1日，在证券大厦的26楼，费钧德与时任美国总统克林顿曾共进午餐，有过六分钟的难忘交谈。

在时间的长河中，六分钟极其短暂；但在潮起潮涌的浦东乃至上海改革开放的史册上，这六分钟有着非凡的意义。面对一位叱咤风云的世界霸主，费钧德在六分钟里展示的，不仅是界龙集团董事长的个人魅力，更是中国农民企业家的豪迈气概和亮丽风采。

缘 起

1998年，中国的改革开放已逾20载，浦东的开发开放跨入第八个年头。浦东热土上，陆家嘴金融贸易区、张江高科技园区、金桥出口加工区、外高桥保税区四大功能区初露端倪。浦江两岸，改革开放浪潮迭起。界龙集团等一大批民营企业崛起，成为申城改革开放的亮丽风景。

1998年，费钧德以1000元起家创办的小印刷厂，经过近30年的时间洗礼，已发展成为以上海界龙实业股份有限公司为核心的、由26家企业组成的、以包装印刷为主业的集团公司，总资产7亿多元，年销售额7亿多元，名列上海工业集团营业收入第41位，利税总额7000多万元。

1998年5月，东方电视台播放了"人在浦东"系列人物专访新闻片，其中的《费钧德》新闻片，生动展示了费钧德领导下的界龙村办企业在改革浪潮中焕发的活力和取得的成就：1970年代率先为我国印刷包装产品出口西德打开了外贸大门；1980年代在上海农村带头引进设备，创办中外合资企业；1990年代村办企业改制成为股份制上市公司——"界龙实业"，赢得"中国乡村第一股"的美誉；麾下企业开发了"印友"软件（ERP管理软件），在全国包装企业界首开先河；紧接着，商业数字化、网络化印刷和UV印刷综合应用高新技术在界龙首先登台亮相。费钧德高举毕昇的旗帜一路高歌猛进，"界龙印刷城"悄然崛起浦东。而费钧德本人，多次被评为全国农业劳动模范、全国优秀乡镇企业家、上海市劳动模范、中国包装十大杰出人物，荣获毕昇奖。

界龙的发展引起了美国领事馆的关注。1998年5月上旬，美国驻上海总领事馆正在寻找有代表性的中国民营企业和私营企业的老总，为美国总统克林顿访华期间在上海举行的座谈会做准备。

5月19日下午，费钧德接到上海市政府办公室的通知，在美国驻上海领事馆内参加了一个会议。外事办领导告知,美国总统克林顿即将访华,逗留上海期间想与上海的民营企业家聊聊。从大量的企业中反复遴选,美国驻上海总领事馆最后筛选出12位民营企业家代表,费钧德名列其中。

正在崛起的界龙集团与美国并没有商业贸易往来,但费钧德敏锐地感到,这是一个难得的机遇。西方世界向来看不起贫穷落后的中国,而如今的中国,犹如巨人屹立在世界的东方,尤其是上海浦东今非昔比。向美国总统展示界龙形象,向世界展示中国农民的精神风貌,关乎浦东形象、上海形象和中国形象!

从市府大楼返回浦东川沙的界龙集团,一路上,费钧德感到肩头沉甸甸的。

精心准备

一连几天夜晚,界龙集团办公大楼灯火通明。根据美国领事馆的要求,费钧德嘱咐集团办公室主任陶振扬着手准备书面材料。几易其稿,长达25页的《界龙集团发展史》和《界龙集团与费钧德》两份材料完稿。

6月9日,费钧德和陶振扬一起,来到浦西的美国上海领事馆。会客室内,张韶韵领事热情接待了费钧德。费钧德把两份材料送到张韶韵领事手中。张领事看过东方电视台播放的"人在浦东"《费钧德》新闻片。此刻,她认真看起材料,又仔细聆听费钧德讲述创业的故事。她激动地对费钧德说:"看了界龙的材料,又听了你的介绍,你的事迹特别感人,我非常钦佩。你是在中国'文革'时期最艰难的环境下开始创业,1000元起家,经过30年的曲曲折折,创办了'中国农村第一股'的上市公司,真是不容易啊!"

6月24日上午9点,陆家嘴上海证券大厦2号会议室里气氛热烈。这是美国总统克林顿访华先遣队在上海召开的预备会。费钧德和上海复星实业股份有限公司董事长郭广昌、广茂达电子有限公司首席执行官恽为民博士、中路保龄球馆董事长陈荣、埃通公司总经理吴玲玲等12位上海民营企业家一起参加会议。

"美国对这次访问很重视,总统要在中国多看看,看中国的文化特色,特别是民营企业对经济发展的贡献。让总统了解的方法是举行一个午餐会，与总统谈谈你们的想法和做法。"先遣队队长仔细交代午餐会的细节，规定每个企业家向总统汇报三分钟，总统再提问互动三分钟。张韶韵领事在一旁插话："选了你们12位，不愿参加可自便。"费钧德和其他11位企业家都是上海改革开放大潮中的风云人物，谁都明白肩负的为国争光的重任，没有一个退缩的。

夜已深沉，费钧德的办公室亮着灯火。点上一支烟，费钧德思考着，界龙的发展史、自己的创业故事，三天三夜也讲不完，三分钟时间讲些什么？想来想去，他决定给克林顿讲讲界龙的变化。界龙是中国农村的缩影，界龙的变化，足以证明浦东改革开放的辉煌成就。想到美国先遣队队长曾说过，克林顿总统对中国文化很感兴趣，费钧德马上联想到界龙的印刷产品。中国文化比起美国文化，源远流长。界龙的印刷科技水准一流，许多产品都凸显着中国文化。选一件文化底蕴深厚的印刷产品作为礼品，克林顿一定喜欢。

6月27日，费钧德召开集团总经理办公例会。"既要表示中国人的热情好客，又要显示中国文化的深厚底蕴，送给克林顿什么礼品呢？"就礼品问题，大家集思广益。"三个臭皮匠，赛过诸葛亮。"一番讨论后，费钧德拿定主意，选定了界龙彩印公司印制的高级精美工艺画册《中华一家亲》。这是一套画册，是中华大家庭56个民族的邮票集成，不仅装帧大气漂亮，民族大团结的主题十分鲜明，作为国礼再恰当不过。外贸界龙彩印厂副厂长袁可仪是个大画家，是界龙特聘引进的人才。费钧德问袁可仪："能不能再画一幅画送克林顿？"袁可仪理解了费总的心思，一口答应。

翌日，袁可仪就将刚完成的中国画《五子登科》送到了费钧德面前。《三字经》有"窦燕山，有义方，教五子，名俱扬"的句子，赞颂燕山府窦禹钧教子有方，五个儿子都及第登科。"五子登科"后来成为中国传统吉祥图案，寄托了百姓期望子弟科考成功的愿望。瞧袁可仪画的《五子登科》，构图明晰，线条匀称，墨韵飘逸，五个娃娃稚气未脱，喜气洋洋。画面显示了中华民族绵长无尽的福祉。

6月29日，两件礼品送到上海美国领事馆。张韶韵领事十分高兴，答应一定转交给克林顿总统。

难忘一刻

1998年7月1日，上海的天空阳光灿烂，白云朵朵。浦江两岸万物竞绿，百花盛开。早上，费钧德从川沙驱车至浦西美国上海领事馆，与11位上海民营企业家会合，再一起至市府外事办。

中午时分，在领事馆和外事办人员陪同下，企业家们来到陆家嘴上海证券大厦。此刻，那银白色米字形网的证券大厦，在费钧德眼中透着几分庄重，几分神秘。26楼的午餐会场，静静地摆着四张圆桌，圆桌上铺着洁白的桌布，桌面上摆放着老上海城隍庙的各色点心。午餐会场静静的，企业家们等待着美国总统克林顿的到来。

因为即将与美国总统见面，费钧德特别关注克林顿访华的动向。6月25日，克林顿到达古都西安；27日上午，江泽民主席在人民大会堂东门外广场主持隆重的欢迎仪式，晚上在人民大会堂举行盛大欢迎宴会；28日，克林顿参观故宫和慕田峪长城；29日上午，克林顿至北京大学演讲；29日晚，克林顿一行抵达上海，30日上午出席上海图书馆举行的座谈会，中午在上海人民广播电台的《市民与社会》热线直播节目担任嘉宾，与上海市民交流，回答了8个听众提出的问题。

当时，费钧德并不知道克林顿访华期间的一些细节：当江泽民主席热情伸出手去迎接克林顿时，克林顿昂起脑袋欣赏起了旁边的陈设，根本无视江泽民主席伸了很久很久的手！克林顿在北大演讲时用的是白宫的讲台，但讲台上悬挂着北大的标志。这是美方和北大双方妥协的结果。

从媒体报道和预备会外事办人员的介绍中，费钧德了解到，克林顿访华随行人员多达1200人，除总统专机空军一号外，还有3架客机和好几架C—141运输机、两辆专用安全通讯车、10辆防弹车，仅通讯器材就有60吨，连饮用水都是从美国带来的。费钧德隐隐感到，尽管是友好访问，但美国人喜欢用有色眼镜看待中国。费钧德做好了思想准备：面对克林顿，既要热情大方，又要不卑不亢。

中午12点整，克林顿在徐匡迪市长陪同下步入午餐会场。在他身后，跟着白宫官员、参议员、众议员、领事馆领事和翻译等一大批人。就在上午，克林顿兴致勃勃地参观了上海证券大厦。在交易大厅主席台那面直径80厘米、重80公斤的响铜合金铜锣前，克林顿挥锤为同时在上海、香港和纽约三地证券交易所上市的"兖州煤业"鸣锣开市。

克林顿高高的个子，西装革履，棕色头发，蓝眼睛，鹰钩鼻，脸庞透着几分兴奋。他与企业家们一一握手。当张韶韵领事介绍到界龙集团费钧德董事长时，费钧德落落大方地伸手握住克林顿的手。布满老茧的农民企业家的手，和一代世界霸主的手握在了一起。

按照美国领事馆的安排，克林顿在里边一桌就座。费钧德和另两位民营企业家在第一张圆桌就座。同桌的有徐匡迪市长、美国白宫办公厅主任、几位美国国会参议员众议员。午餐会是简朴的，只是喝茶、品尝糕点。

用餐时，克林顿从邻桌来到费钧德第一桌。费钧德不慌不忙，侃侃而谈，向克林顿介绍起界龙的创业历程。克林顿对界龙的发展很感兴趣，一边认真听翻译，一边不时点头。当费钧德说到1950年代的"生产合作社"时，美国翻译一时不知道怎么翻译，一边的徐匡迪市长赶紧起身翻译："production cooperative."当费钧德说到"上世纪60年代后期界龙人均收入不到10美元"时，克林顿眨眨眼睛好奇地问："这么苦呀？吃得饱吗？"费钧德知道，美国人眼中的中国历来贫穷困苦，所以克林顿特别关注老百姓的生活。费钧德抓住时机，响亮地对克林顿说："界龙去年人均收入已达到1000美元，提前进入了小康社会。"克林顿高兴地说："OK! 农民有钱也可以打保龄球了。"

从600元办小五金厂讲到现今界龙的集团规模，从界龙人农民变为工人讲到村民的福利，短短的六分钟，费钧德不疾不徐，娓娓道来，把改革开放给中国农村带来的巨变，深深地刻印在了美国总统的脑海里。克林顿双目放光，脸露笑容，由衷地对费钧德说："希望界龙进一步发展，欢迎中国企业家到美国去办企业。"

克林顿与费钧德交谈完毕，克林顿转身走向第二桌与别的企业家交谈。第一桌上的美国参议员、众议员调侃起克林顿来："别看总统现在这么神气，在美国，总统和州长一样。""总统夫人希拉里比总统行……"从另一个侧面，费钧德看到了美国人的幽默。

一小时左右的时间很快过去，午餐会结束，克林顿和企业家们一起合影，然后挥手致意离开了会场。

大多数场合，美国人待人接物给人傲慢的感觉，但午餐会上，费钧德及其上海民营企业家的豪气，感染了美国总统。

尾　声

克林顿访华的每一过程，媒体都做了及时报道。克林顿在上海证券大厦与12位民营企业家共进午餐的报道很快见诸报端，在电视节目中播放。费钧德与克林顿会见的照片，也一时风靡申城，为人们津津乐道。

回到界龙，费钧德召开集团总经理办公会议，向大家专题汇报与克林顿会见的详细经过。费钧德兴奋而幽默地说："我这手握过美国总统的手，带些财气给大家。"就像战场上凯旋的勇士，费钧德和大家一一握手。大家听着费钧德讲述与克林顿交谈的一个个细节，都很兴奋。一个普通的农民企业家，能淡定自如面对美国总统，一个村办企业神话般的经济腾飞的故事，打动了傲慢的美国总统，这是界龙人的荣耀。

一天，费钧德接到一封美国领事馆转来的信函。打开一看，竟然是克林顿总统的来信。原来，克林顿总统回到美国后，尽管被繁多的国内外大事所困扰，但百忙中没有忘记界龙，没有忘记界龙的领头人费钧德。在信中，克林顿由衷感谢费钧德。他写道："很感谢你送给我的精美画册（界龙彩印公司印制的高级精美工艺画册《中华一家亲》和界龙彩印厂副厂长袁可仪画家

画的《五子登科》)。这次到中国访问，我们共同度过了一段美好的时光。非常感激你们每一位企业家和中国人民对我的友善接待并献上我全家对你的祝福。"

费钧德感到欣慰，他和界龙人的创业故事，感动了克林顿，给克林顿留下了美好的回忆。

"恰同学少年，风华正茂。"掐指算来，创办小印刷厂的那年，费钧德只是20几岁的青年小伙，风华正茂；1998年7月1日与克林顿会谈那年，费钧德已跨入"知天命"之年，他依然风华正茂。藉中国改革开放之风，界龙在市场经济大潮中腾跃起飞；撑起界龙实业的一片蓝天，费钧德豪情满怀，赢得国内外一片赞誉。

繁华的陆家嘴金融贸易区，上海证券大厦那敞开式的巨门，那凌空横跨的天桥，那银白色铝合金板的米字形网立面，是那样的稳重与坚固。每每回想起和美国总统克林顿共进午餐的难忘时刻，回想起和克林顿交谈的六分钟，费钧德就感到兴奋，感到自豪。那一刻，费钧德从克林顿的眼神中，感受到了美国总统对中国农民由衷的钦佩和赞赏；那一刻，记载在浦东发展和界龙腾飞的史册中！

作　　者：何国胜
创作格言：挫折是人的不幸。倘若挫折能唤起人的征服困难的信念，那么挫折是一所可敬的大学。

对生活、对现实不断的思索

——记费钧德先生创业的峥嵘岁月

别林斯基说"不幸是一所最好的大学"。的确，人不大会在春风得意中反思人生，而往往在挫折或不幸里思索人生。人遭遇了挫折和不幸，这自然不是一件好事。但其挫折和不幸的过程，又往往启发人，给人不常有的醒悟。界龙集团公司董事长费钧德先生，就属于这样的人。

费钧德先生早年丧父，出身成分又不好。但这些不幸，在给他生活带来打击之外，也启迪了他对生活、对现实的思索。从而也激发他，去寻找改变自己命运的道路。也正因为费钧德先生在命运的坎坷中得到锤炼，使他的一路打拼，造就了他不屈服挫折的意志。

培根有句名言："奇迹多是在厄运中出现的。"费钧德先生印证了。

一、保持做人的本色和原则

第一次见界龙股份公司董事长费钧德先生，离现在已有五年的时间。当时，由唐根华先生组稿，编辑一本追梦人的书，书名是《圆梦之旅》。此书的首发式，便在界龙公司会堂进行。参加的会议，有地方政府的领导、媒体记者，还有参与创作的作者等。应该说，《圆梦之旅》首发式的举办，氛围还是相当隆重的。作为东道主的费钧德先生，也在会上谈了自己创业的经历。也就是从那一天起，我对费钧德先生有了初步的了解。

说实在话，作为企业老总，他在主席台谈自己的创业经历，和我以往听到的企业领导谈成功事例是有些不同的味道。费老总说话有一大特点，他说话语气温和，即便在他谈到创业中碰到的困难，或者是怎么征服困难，他的语调还是谦和的。给人的感觉，这些困难好像没有发生在他的身上，他是那么地轻描淡写。费钧德先生似乎缺少了一般做企业老总的气势，没有老总常有的高傲语调。尤其是在说到征服困难时，一般老总会加重语气，显示他的超人本事之处，还大谈自己是如何战胜困难的种种才能。而费钧德先生却一直保持着平和的心态，温和的语气。

励志者，从来是大家仰慕的。我也阅过不少励志人物的书籍，只是在现实生活中，能近距离地接触励志人物，确实很少。书中对励志人物的描述，自然包含着作者的艺术手法，因而显得生动，人物也光彩。我面前的费老总，他的真实是没有经过修饰的。在感觉上，费钧德先生的经历没有书中描写得那么艳丽。但是，费钧德先生给人之印象，是踏踏实实干事业的，是保持人的本色。我把费钧德称之为先生，而不是叫他企业的老总，就是觉得，他没有企业老总那种趾高气扬的傲气。并且，他也不是那种有意做出所谓的做人要低调的举止。费钧德先生很实在，他在讲自己创办的企业，从村办小厂一直成为上市的股份公司，这样的宏伟创举，他没有什么炫耀的言语，只是实说当时的时代背景，和他如何选择的决策。说话的语气还是温和的，他的举止还是儒雅的，所以，费钧德先生的形象，更像是一位有素养的文化人。

说来也巧，两年前我又去了界龙。这次去的不是界龙企业，而是界龙村。这次也是由唐根华先生组织的一些作者，去采访那些为界龙企业做出过贡献的老领导、老干部。我没有想到，这次的采访和组稿，是费钧德先生亲自牵头和安排的。我们一行数人，在居委会的会堂就座，我们已看到了一些老同志坐在会堂内等候了。采访开始前，费钧德先生首先又用他习惯性的温和语气，对我们大家的到来表示感谢，恳切希望我们书写好界龙村这些老领导、老干部。因为他们在界龙公司创办初期是种树人，所以才有了现在我们背靠大树好乘凉。

说话温和的费钧德先生，在说到老领导、老干部为界龙企业做出贡献时，他的语调也有些动情的成分。不难看出，费钧德先生这时也有了难以控制的情感，这自然与他创业之初，这些老领导、老干部的关心帮助是有关联的，往日共同的打拼岁月拨动了他的心弦。费钧德先生又充满期待地希望我们，要用真实、真情写出、写好这些老领导、老干部，把他们的事迹留在界龙企业创业志之中，好让后人知道。

常言道：滴水之恩，当涌泉相报。但这也不是人人能做到的，特别是像费钧德先生这样的上市企业老总，用现在流行的话说，是有身价、有体面的人。的确，费钧德先生见过的场面太多也太大。这里就不提他接触市区级的领导。在2006年，当时的国家主席胡锦涛访问美国时，还向耶鲁大学校长莱文赠送了礼物，这礼物就是界龙艺术印刷有限公司印制的精美画册《锦绣文章——中国传统织绣纹样》。1991年，时任总理李鹏来到上海，在考察农业及乡镇企业时，费钧德先生也受到了邀请。还有，当时任美国总统的克林顿，在1998年来上海，借助他在上海访问的期间，还特意与费钧德先生联系，希望与费钧德先生面谈，了解有关村企联动的情况。

由此可见，值得费钧德先生骄傲的内容太多。然而，在他身上就是感受不出来。他这次请我们这些作者来写，这不仅让老领导、老干部们感到激动。

同样，连我们这些作者心情也不能平静。更让我意外和惊讶的是，我的采访对象，在工作人员催了几个电话才姗姗来迟。我当时纳闷，还有几分不悦。当我与这位老领导交谈中才知道，他之所以姗姗来迟，不是他架子大，是他觉得自己没有为界龙企业的创办做过什么大事情。因而，我的采访也一度中断。费钧德先生得知了这个情况，便与我打了招呼。随后，费钧德先生便参与了和被采访者一起来回答我的提问。我这次的采访，说我是在采访老领导，倒不如说我与费钧德先生有了面对面的直接交流。

　　的确也是如此。费钧德先生一方面告诉我，他创办企业中的各种困难，一方面又详细地介绍村干部们是如何帮助支持他的创业。说起当初村干部对他的支持帮助，费钧德先生是有洋洋洒洒的内容和事迹。而且，他这时候的说话也流露了深情。毋容置疑，费钧德先生对那段创业初期的岁月，不仅记忆犹新，而且充满感恩。他讲起那个年代，就必然讲到了自己的出身成份。那时是讲究成分的年代，费钧德先生被划分为富农成分的子女。这样的子女，一般在社会中是被边缘化的。但是，费钧德先生是例外的，村干部看好他，把他归属于可以教育好的子女。也就是说，费钧德先生能创办企业，是与村干部的关心和厚爱分不开的。反过来说，费钧德先生在做人做事上，赢得了村干部的赞赏。因为费钧德先生办事，从来是把自己的考虑融入村民的利益之中。这让我想到了"焦裕禄精神"，焦裕禄被习近平主席概括为"亲民爱民、艰苦奋斗、科学求实、迎难而上、无私奉献"。费钧德先生只是说他"保持做人的原则和本色"。他仅仅为界龙村做了一点事，一点让界龙村民富裕起来的事。

二、不幸是一所最好的大学

　　别林斯基说"不幸是一所最好的大学"，用在费钧德先生身上，是再恰当不过了。费钧德先生的不幸，一则是他父亲去世得早，另一则是他父亲成分是富农。那个年代非常讲究成分，成分不好会影响人的各种机会。费钧德先生初中就读于川沙中学，这是川沙县最好的初中学校。在这所中学读书的学生，考上高中是有大概率的，当时费钧德先生又是年级里的优秀生，就是因为成分不好，他没能进高中深造。

说费钧德先生的家庭成分是富农，从当时费钧德先生的家境来看，他家其实还是很贫穷的。他父亲就是家里没什么吃的，去上海浦西收集城里人吃剩下的饭菜（俗称"泔脚"）拿回生产队作猪饲料用，他父亲看到了已收割的菜地还留下不少菜根，便把这些菜根拔起来带了回家。他父亲觉得菜根也能充饥，这样还可以把粮食留给孩子们吃。谁能想到，费钧德先生的父亲，由于长时间的吃菜根，造成了肠胃堵塞，结果丢了性命。这种肠胃堵塞毛病，在当时的乡村是没法医治的。不过，他父亲去上海的市级医院，还是能医治的。可惜，当时费钧德先生的父亲，他没能去上海的市级医院，仅仅用农民自己的土方法来医治。不言而喻，如果是富裕的家庭，他会割菜根吃吗？如果是富裕的家庭，怎么不会到上海市级大医院去医治？

费钧德的父亲，在费钧德先生读初二时去世，费钧德初三毕业又不能再上高中。当时的费钧德心情是不好受的，他们家的生活相当艰苦，他寄宿于学校，母亲只能盐炒葱给他带着，在早饭时当菜吃。吃不饱是他的家常便饭，可他家还是富农成分。所以，当老师问他为什么不考高中时，他是含着眼泪说出自己的家庭成分，老师也为他惋惜。因为他毕竟是学校里优秀的学生，不能继续深造，能不惋惜吗？

费钧德回家乡务农，这也是他那时无奈的选择。虽然费钧德生活在农村，但他还未能真正地接触农活。当他干农活后，才深深体会到农民干活的辛苦。费钧德当时已明白，自己要开始挑起家里生活的这个担子。他努力地跟长辈去学习干农活，他想要尽快地成为全劳力，这样就可以拿到全工分。农民的工分越高，收入越多。全工分收成最高，全工分又是样样农活都会做。可天有不测之风云，一年后的他，在农田劳作时，因干重活不慎，造成了腰部扭伤和胸部的摒伤，在家休养。农民休养是没有工分的，而这种休养的时间又很长，真可谓是屋漏偏逢连夜雨。费钧德自然很苦闷，愧疚于整天操劳的母亲。不过他没有消沉，也没有气馁。在家的时候，他听听广播看看书籍。还好，他有理发手艺，身体好一些他就为村民理发，理发赚的钱多少还能贴补家用。理发在当时的农村也算手艺活，他的村里就两人会理发，理发的生意还是不少的，他还通过理发，与来理发的村民聊天，从中了解村民对现实生活的看法，丰富了他思路。

人自然希望自己的生活过得稳稳当当，只是生活并不会尽如人意。但对有意向的人来说，既然生活有给予不顺的时候，他们静心思考，或许会有意外的收获。休养在家的费钧德，他就想到了中学里地理老师讲的话。这时的他，对老师剖析中国当今社会的状况，领悟尤为深刻。"我们国家地大物博，其实物资非常贫乏。我们又是一个农业国，十亿人口中有八亿是农民，农民占绝大多数。农民要改变生活的贫困，国家今后努力的方向，就是应该将农业向工业转移，让农民变为工人。这是农民改变自己生活，改变自己命运的唯一出路。"这时的费钧德，已有实际生活的体验。

的确，费钧德先生回村务农多年后，现在已拿到全劳力的工分。可是他家的生活并没有好转。费钧德记得很清楚，1966年那年，已经21虚岁的他全家全年的收入是150元。他们一家三口人，一年里用去的生产队柴草粮食等生活必需品，折算成钱却是每人60元。也就是说，他家三口人一年的劳作，反而透支生产队30元。所以，农民的贫困，不是简单地看成农民劳作是否勤劳这一点上。

费钧德对自己的界龙村做了盘算。也是在1966年，界龙村共有1100个劳动力，村里有1800亩农地，平均每个劳力耕种1.67亩。收成好的时候，每亩收入100元左右。如果逢上年景不好，每亩的收入只有二三十元。这样的人均收入状况，可想而知，农民的生活捉襟见肘是必然的。况且，农民是靠天吃饭的，是处于被动的状态。即便农民天天起早摸黑，如果遭遇了不好的天气，一年忙到头也是穷。因此，费钧德先生越发感到，农民必须改变面朝黄土背朝天的单一生存方式。要提高农民生活水平，增加农民的收入，只有改变思路。地理老师说走工业的道路，费钧德先生认为是一条可以尝试的出路。

　　机遇往往是给有准备的人。"文革"开始，尽管形势还是延续的抓阶级斗争，延续的割资本主义尾巴和打击投机倒把。但是，"文革"也出现了一些混乱。费钧德在这个时候常听到一些小道消息，如江苏乡镇在偷偷办企业，如川沙周边一些村里偷偷摸摸办起小工厂。而且，农村办起工厂后，农民们还蛮赚钱的。这样的消息，对于费钧德先生来说是振奋的，更坚定了他在村里办厂的决心。费钧德先生想到了自己村里的农机修配站，是可以利用农机修配站的名义接生意。想法成熟了，思路理清了，他便把这个想法和村大队长周祥贤提出了，并且，他还陈述了自己的建议，包括讲明了存在的利弊。费钧德先生的机灵聪明，和他办事能力的踏实，是村里人有目共睹的。不久，大队长周祥贤召见了几名村干部和费钧德先生，在周祥贤家开了探讨会。

　　这个探讨会，应该说是极其重要。因为办厂是村里的大事，是关系到界龙村的命运和走向。会议中，大家对怎么办厂、办什么厂、办厂的路径是什么、关系渠道又在哪里，都详细做了分析和探讨。大家从毫无头绪、毫无经验的探讨中，在你一言我一语的言语里渐渐理出了头绪来。于是，村干部经过商量，决定由费钧德先去市区摸摸情况。的确，费钧德当时年轻有文化，又善于动脑子和喜欢交朋友。而对费钧德先生本人来说，这真是他心愿得到实现的时候，自然是铆足了干劲，去努力地完成这项任务。

三、改革，是摸着石头过河

　　改革开放初期，"摸着石头过河"这句话，曾在大学试卷里做过考题。可想而知，在当时的改革之初，人们要改变社会现状，自然需要摸索。摸着石头过河，也就成为了当时的经典语录。费钧德先生在 1968 年就开始摸着石头过河了，因为他要让农民走出贫困，走改变农村农民生产的单一经营模式。村里派他先到市区去考察，摸索工厂的生产方式与实际经营的情况。他带着本子和笔，当然，他最重要的还是带上村里的介绍信。因为，那时政府统一规定，郊区和外地人员来沪住宿，是必须有介绍信的。

费钧德先生来到上海市区，落脚于南京东路岔路上的一家旅社。这旅社名字，他现在还记得非常清楚，叫兰考旅社。这家旅馆的大房间很大，是大通铺，一间房间可以住进几十号人，都是南来北往的采购员、办事员。出门在外，出差人都喜欢聊天。况且，他们是见过世面的，肚子里有内容。费钧德便主动向他们请教，聆听他们的指导与建议。其中，有一位旅客给他提议，费钧德觉得是有价值的，并且可以尝试。他告诉费钧德，对农村办厂，可以利用当时上级允许每个村办农机修配站的名义，在农机修配站里设小五金加工厂就方便了。费钧德接受了这位旅客的建议，他回村后，便把这个建议向村领导汇报，也得到了村领导的同意。后来，界龙村的农机修配站，也就被大家称之为小五金加工厂了。其实，当时的小五金厂是没有营业执照的。

作为五金加工厂，是少不了车铣刨这样的设备。在当时，费钧德的小五金厂自然没有这么多资金，他们的着力点首先是能接到业务，接到他们能做的业务。所以，他们就用几百元钱，买了一台小车床。加工起仪表上非标准的螺丝螺帽等：不可想象，这螺丝螺帽的加工，一个工人五天就能挣35元，这是田里麦子收成的250公斤的钱。这让费钧德和村干部看到了农民要摆脱贫困的希望——农村也要走工业道路。

万事开头难，办厂的起步阶段必定相当艰难。这里讲一个真实小故事，从故事里可以体悟办厂之初的艰辛。费钧德通过关系联系到上海建国螺丝厂学习五金加工技术，他带来村里二个青年一起去学习。就在这段期间，恰好逢上全市在搞野营拉练活动。费钧德得知了建国螺丝厂也要参加这项活动，而活动正在筹备之中，野营拉练的路线、地点还未定。当时市区的厂家，野营拉练的目的地一般都设在市郊。费钧德便主动找螺丝厂相关的领导，建议螺丝厂的职工拉练来他们村，螺丝厂的领导也爽快地接受了。不过，费钧德心里还是不踏实，担心螺丝厂领导这么快就接受了，可能是他们的敷衍。于是，费钧德决定当天下午自己先尝试一次。他就从螺丝厂出发，步行走回川沙的界龙村。这样的走一次，一方面他可以告诉螺丝厂实际的走法路线和时间，另一方面，他回到了村里，也可以把这消息告诉村干部，好让他们做好接待的准备。

上海建国螺丝厂要走到川沙的界龙村，估摸着也有35公里的路程。费钧德是从下午1点半开始走出上海建国螺丝厂，他走到了界龙村已是晚上8点了。小青年走路快，还有气力，也需要走将近8小时，这样路程的野营拉练，是符合野营拉练的要求的。可是费钧德这么一走，他换来的是他双脚都是水泡。没过几天，费钧德又主动请缨，与建国螺丝厂职工一起，又走上了这段野营拉练的路。为了能中午赶到界龙村，费钧德与建国螺丝厂职工的野营拉练是在凌晨两点半出发的，这么早出发，可以确保他们在中午抵达界龙村。当时费钧德脚上水泡还未痊愈，他是忍着疼痛走了近8个小时。

不难想象，当时的费钧德，在找门路和学技术的过程中，是遇到不少艰辛的。至于生产上的接业务，困难自然不会少。还有，费钧德他们小五金厂接到了加工业务，在做的过程中还要应对上级部门的检查。因为，他们这样的做法，有嫌疑是在走资本主义的道路。因此，界龙小五金厂的开办，是从零起步，在摸索中前进。在5年里，五金厂又在开开关关中进行。可谓是筚路蓝缕，充满曲折。但反过来看，对费钧德先生本人，也包括界龙村的其他干部来说，却是一份来之不易的经验财富。这5年的办厂实践，也让费钧德先生积累了丰富的工厂管理和业务拓展的经验。

的确，改革开放以后，发展是硬道理已深入人心。中国各行各业的迅猛发展，犹如雨后的春笋。费钧德的小五金厂更是转行壮大，已成为了有一定规模的界龙印刷包装集团企业，但也碰到前所未有的竞争。由于属于传统企业，且门槛从低至高都可入行，加上国情关系，就界龙集团周边有60多家印刷包装企业，浦东新区近千家包装印刷企业，曾任界龙集团外贸界龙彩印厂的总经理孙水清说：我们工厂好像是黄埔军校，外面印刷厂的老板很多是我们工厂出去的，在这种形势下，迫使着费钧德的界龙企业又大踏步地迈进。进入上世纪90年代成为了第一家村企业上市股份公司，也使界龙印刷厂成为了印刷行业的龙头企业。当然，费钧德的界龙公司壮大发展，也不是一蹴而就，一帆风顺的，是他们在不断探索摸索中前进。也就是说，费钧德先生依然在摸着石头过河。走入世纪之交，整个世界都发生深刻变化。最重要的变化是全球经济一体化对传统秩序形成的猛烈冲击，其结果是产业之间的格局将发生极大的重组，而数字化技术、信息高速公路的不断完善，更是这场变革的催化剂。这对印刷行业来说，产品的定位也要跟上时代。市场的竞争会更为复杂，管理与经营更需要科学化。为此，界龙集团作为印刷行业要在技术上更加求精，因为现在包装工业所涉及的技术领域非常之广，有关电学、光学、化学、美学以及新型材料等，加上日新月异的数字化技术。特别用工成本的不断增长对印刷包装产业要专业化、自动化、智能化的生产管理和更优质的客户管理、利用现代信息线上接单和原来的面对面客户接单相结合、继续发扬企业诚信，质量第一的服务标准，以满足客户的需求，并继续实行一体化服务的原则。

与时俱进，是在摸着石头过河的基础上进行的。费钧德先生，他不但自己在不断地学习新知识，还非常关注产业前沿发展。对于高科技人才的不断引进，是费钧德先生一贯重视的工作。企业需要新鲜血液，需要新型产品，当然还需要高性能的新设备。用设备来保障产品的质量，用技术来研发新产品。因此，他们的企业能留住老客户，也能广招新客户。界龙集团才能做到企业的继续发展，走在不断壮大的道路上。

当然，企业的发展壮大，最终的目的，就是要提高企业职工的生活水平。特别是界龙村的村民，让他们过上富裕的生活。现在的界龙村，也确实是旧貌换新颜了。当人们走入界龙村，扑入眼帘的是一幢幢现代化住宅，清洁宽畅的道路，让人心旷神怡。村里开办了活动室、健身房、图书馆、跳舞厅等。真可谓是让村民在走入了物质文明的同时，也进入了精神文明。用现在流行的话说，是实实在在地让百姓得到获得感和幸福感。

四、不忘初心，牢记使命

让老百姓走入富裕的生活，是费钧德先生办厂的初心。我为什么感觉用先生来称呼费钧德，他是做企业的，善于经营和管理企业。但是，他更有社会责任感。他就是以一位慈祥的长者出现在生活中，充满着亲和力。自界龙村办厂开始的那一天起，费钧德先生心里就装着村民，要让他们的生活一天天好起来，一定要走出贫困。

的确，自小五金厂的开办，企业所获得的利润，就是用在界龙村村民的福利上。小五金厂开办之初，选择的工人，自然是界龙村的村民。不过，这种对村民的选择，是择优选拔。因此，一开始进入工厂的职工，普遍是人品好的村民，他们的工作态度自然十分认真。小五金厂在管理上也非常顺畅，职工们基本都自觉地遵守劳动纪律。职工加工的零件，是确保质量为前提的。因而，小五金厂赢得了客户的满意，也为小五金厂带来声誉。随着企业的不断壮大发展，界龙村的村民也越来越多地走进企业。原来的五金厂，也成为了以印刷为主的企业。尽管，企业在招工中已明确了公司的规章制度，还有厂纪厂规，但是，还是有个别的村民员工，由于他们在农村自由散漫惯了，又一时没有改掉小农意识，表现在工作中，他们的干活懒散，对产品的质量又不够重视。面对这样的现象，费钧德先生一方面要求部门的领导，要耐心地多做思想工作，提高他们对产品质量重要性的认识。另一方面，请上海出版专科学校的老师、教授每周2~3天对所有职工进行培训，而且坚持了近10年，再对经过培训的职工每年进行考核评定，并决定升岗升级，担任组长、机长、车间主任等职，当然在薪资上也按岗位来定，所以，培训后发给合格证书，用精神荣誉、升岗升职的责任和薪资来调动员工工作积极性。

另外，自从印刷厂的开办，还出现另一种现象，就是纸张，最普遍的是外包装纸和废纸被职工顺手带回家。从印刷厂的开办，生产的产品从铁变为纸张，在管理上增加了难度。因为车间里四处都是纸张，纸张又不像铁屑，脏而无用，职工拿了也没有利用的价值。纸张就不一样了，它可以写字，如报告纸，员工拿回家，可以给他们的孩子们写文章，也可以做草稿纸。特别是包装用的牛皮纸，有一段时期，村民自建房比较多，村民职工发现，牛皮纸可以用于浇水泥板做隔离层。拿包装牛皮纸的人也多了起来。其中一些职工家里并没有建房，他们拿牛皮纸回家，竟然是当废纸卖。好端端的包装产品，花大价钱买来，却被他们送到了不值钱的废品回收站，真令人啼笑皆非。

就如何改变少数村民员工的这种不良习气，当时我听到这样的事，首先认为，费钧德先生用不良习气来定性拿企业的物品，是有些不妥的，这是违反了企业的厂纪厂规，就应该用企业的厂纪厂规来处理。照章办事来处理违规违纪的职工，难道还难办吗？然而，费钧德先生不这样认为。他也明白，用厂纪厂规来处理这样的事，可以说是简单快速。但是，每个企业都有自身的企业文化，而自身的企业文化是有独立的发展过程的。界龙集团是村办厂起家的，是村民大家的企业，在企业独有的历史背景和发展文化中，如果用一般企业的处理方法进行，是可以收到一些成效的。但是，这不是费钧德先生当时办厂的初心。因此，费钧德先生首先想到的是自己企业的员工，他们还处在收入不够高的阶段，尽管他们这样做不光彩，也能得到一些小利。但作为一家企业来说，领导应该把重心放在企业发展上，实实在在地提高员工的收入。另外，这一现象也给费钧德先生带来启发，重视职工思想教育的重要性。因此，费钧德先生针对这些不良习气的员工，重点放在教育和宣传的力度上，用摆事实讲道理，以动之以情，晓之以理的工作态度，与他们沟通交流。之后的《界龙劝民歌》的诞生，这也是其中的一个重要引发因素。

农民富起来了，农民的文化修养、农民的职业素质，还有农民的家风家教等精神文明建设，也成为了企业发展的一个重要方面。只有物质文明精神文明同步提高了，才能真正地跟上时代的步伐。

五、传承好家教家风

习近平总书记对家庭、家教和家风建设有许多论述，如"家庭是人生的第一个课堂""家风是一个家庭的精神内核""家风是社会风气的重要组成部分"，妇女在"树立良好家风方面"具有"独特作用"，领导干部的家风"是领导干部作风的重要表现"等。学习这些论述，对于科学把握和有力推进党关于党风政风民风根本性好转的战略部署具有重要的理论和现实意义。

费钧德先生在讲述自己创业经历中，会时不时地带出他的妻子吴宝珍。如果说，费钧德先生是一本厚重的书，那么，吴宝珍作为他的妻子，就是一所培养人才的大学。吴宝珍不仅是贤妻良母，同样也是界龙企业敢挑重担的经营能手。追随吴宝珍女士一路走来的足迹，读者阅后会产生无比的感叹和动容的热泪。吴宝珍女士的性格看似内敛，却有一股子执着追求的精神，呈现的是她踏踏实实工作和忘我的奉献精神。说到吴宝珍女士的优秀品德，她与费钧德先生有许多的相似之处。也可以说，不幸也成就了吴宝珍女士。

吴宝珍女士原本是上海市区人，居住在上海虹口区宝昌路。也由于她父亲的历史问题，1959年响应政府号召，全家下放回到了浦东老家——川沙县城镇公社虹桥大队第七生产队落户当农民。由于吴宝珍女士的父亲，被戴上历史反革命的帽子，在农村接受监督劳动。因此，吴宝珍从小也就被出身不好的乌云笼罩着。吴宝珍是家里的长女，9岁来到农村，从出生就生活在城市里的她，一下子过起了农村生活，她的不适应是免不了的。但是，作为出身成分不好的孩子，又不得不面对现实。何况，她底下还有弟弟妹妹们需要她这个大姐姐带着。

有句老话说得好，穷人的孩子早当家。吴宝珍12岁那年，小学毕业就辍学了。她是考虑到家里的实际困难，不读书可以帮助父母挑起家里生活的担子。她白天在农田里忙，晚上还做外面接来的手工活。她用两年时间做的压瓶套攒来的辛苦钱5元，帮家里新垒了一座灶头，让烧饭时常熄火的行军灶退休了。可以想象，当时的吴宝珍家的生活状况，也是多么的苦难与艰辛。而出身不好的帽子，同样压在了她幼小的心灵上，使她常常抬不起头来。20岁那年，她决定响应政府的号召，去云南建设兵团垦荒屯地，做一个堂堂正正的人。如果不是她母亲去政府部门请求，把家里不能少她的具体实情讲明，吴宝珍的人生道路就会从此改变。

的确，人生发生的一切，有时比文学作品还具有戏剧性。虽然吴宝珍的成分不好，但已是亭亭玉立大姑娘的她，一脸俊秀引来了不少提亲客。吴宝珍尽管文化程度不高，可她懂事很早，也知道自己需要怎样的对象。因此，直到有人带着费钧德来提亲时，她眼睛才发出了光芒。费钧德的憨厚，费钧德的睿智，是她喜欢的男人。虽然她也知道费钧德的成分也不好，但她更知道费钧德勤俭持家。缘分是一种讲不明的感觉，缘分又是只能意会的感受，只有当四目对望产生心灵相通时，爱的火花就会灿烂。

其实费钧德也是到了26岁才开始考虑自己的婚姻大事。这在农村，他这个年纪已是很晚了。英国女作家奥斯丁说过，什么事都可以随便，但没有爱情千万不要结婚。我不知道他们是否读过奥斯丁的小说《傲慢与偏见》，但这不重要，重要的是他们理解爱情。由此可见，真正的爱情，就是夫妻恩爱，家庭和睦，他们才能全身心地投入工作中去。同时，在这样家庭氛围成长的孩子，他们首先身心的成长是健康的。虽然费钧德也好，吴宝珍也好，他俩都忙于工作，与孩子在一起的时间不多，但他俩热爱事业，做人正直的言行举止，已沐浴了孩子们的心田。作家老舍曾经写过一篇文章，题目是生命的教育，写的就是他目不识丁的母亲，用勤劳持家的优良传统教育了他，造就了老舍的成就。的确，费钧德夫妇也培养了两个优秀的儿子。费钧德在界龙村策划和宣传界龙《劝民歌》，提倡家教家风的重要性，也有他们夫妇俩重视家教家风的切身体会。学校里教育学生，让他们德智体全面发展，德是放在第一位的。只有人的品德好了，懂得做人，才懂得做事。

可惜，吴宝珍女士过早地走了。她的年纪还不大，上天却早早让她结束了生命。这实在是太残酷了。费钧德先生之所以在讲自己的创业史、企业的发展史，总会讲到他的妻子吴宝珍，是因为费钧德先生这段创业历史，吴宝珍是奉献出她的生命的。在一定程度上来说，费钧德先生无论在家里，还是在企业，她都是不可多得的好帮手。的确如此，因为吴宝珍女士，无论她在做烫手帕的工作，还是后来干产品业务工作总是一丝不苟地对待工作，即便在她身体出了状况，她还是依然投身于繁忙的业务经营中。真可谓是生命不息，工作不停。

现在，他们的两个儿子长大成人，有着青出于蓝而胜于蓝的势头。这就是费钧德先生、吴宝珍女士传承好家教家风的因果。让我油然想到人们常说的话：一个成功的男人，他的背后是少不了优秀的女人。现在我在后面加一句，还会培养出优秀的子女。传承了好家教家风，使中国赢在未来。费钧德夫妇，就是实实在在的例子。

作　者：今　音
创作格言：调动写作的另一种思维方式是从结构上去体验内涵。

界龙实业在审时度势中前行

——界龙的格局是以世界一流印刷企业为前行标杆

一、界龙村人杰地灵

在上海浦东新区有一个界龙村办企业——界龙实业。它坐落在川沙新镇的西南部,在它的东面有南高桥村和杜坊村,朝南和新春村为邻,向西眺望栏杆村,然后在北面和长丰村、妙境村为界。

界龙实业距离上海浦东国际机场 8.5 公里,和西南方向的迪士尼乐园只有 4.1 公里。

界龙村是江海冲击平原。在宋代,现在的界龙村域则属于华亭县长人乡十七保三区三十八图。界龙村有1000多年的历史，它的确切位置在川沙老护塘的西侧，该地在清代时，当年的长人乡自上海县分离后归南汇县管辖，界龙村域也随长人乡归于南汇县。

在民国23年（1934年）界龙村域属南汇县第三区三房乡，到了1950年6月，村归川沙县城厢区管辖。1961年6月，界龙村归在川沙县黄楼人民公社，它包括界龙、三房两个生产大队及13个生产队。1984年3月，政府和公社分开设置，并重建了乡村的基层组织。这时候的界龙村域属于上海市川沙县黄楼乡管理，当历史发展到了1984年4月1日，界龙、三房两个生产大队合并，定名为界龙村。

1992年10月，界龙村属上海市浦东新区黄楼乡；1995年11月，撤乡建镇，村域属上海市浦东新区黄楼镇；2000年9月，撤销原川沙镇、黄楼镇、六团镇，建立川沙镇，村域所属随之改为上海市浦东新区川沙镇；2005年12月，撤销原川沙镇、机场镇，建立川沙新镇，村域所属为上海市浦东新区川沙新镇。

界龙村早在1968年，由老一辈带头人大胆决策，同时又在费钧德等几位有志青年的鼓动下，最先办起了小五金加工厂。

1973年，费钧德等几位青年又创办了黄楼公社界龙大队印刷组。家当只有村里投资1000元买来的2台脚踏圆盘机。

二、费钧德崭露头角

在那个时候的费钧德作为带头人，从承印饭馆菜单、信封、信笺起步，逐步发展为一个村办企业。

在上世纪的1978年12月18日至22日，中共十一届三中全会召开之后，改革开放的春风使界龙这个村办企业迸发出前行的动力。有一次，界龙印刷厂承接到了西德阿道夫公司的4万套手帕包装盒的加急印刷业务，外贸出口任务圆满完成。

半年不到的时间，村办企业的界龙印刷厂又承揽到了一些外贸印刷业务，为国家创汇 22 多万美元，也由此把界龙村的印刷业基础夯实了。

1992 年底，界龙实业有限公司已形成总资产 1.18 亿元、净资产 3140 万元、职工 1500 人，年产值 9668 万元的生产规模。1994 年 2 月 24 日，界龙实业在上海证券所挂牌，赢得"中国乡村第一股"的称号。

2010 年界龙实业已发展了 26 家子公司，有员工 4000 多名，总资产达 40 多亿元，净资产 1.5 亿元。界龙村办企业实现营业收入 18.78 亿元，上缴国家税金 1.26 亿元，利润 4731 万元。

三、界龙实业声名大振

上海界龙实业股份有限公司于 1993 年 12 月 28 日正式成立，1994 年 2 月 24 日在上海证券交易所挂牌上市。中国当代优秀包装企业家、毕昇奖获得者费钧德先生任公司董事长、法定代表人。

在中国，上海界龙实业是中国著名的包装印刷公司，主营包装印刷产业，涉足房地产开发、金属制品、商贸、软件开发等产业。

界龙实业拥有一定规模的全资和合资企业 15 家，总资产 7.2 亿元，年销售额 6 亿多元，早在 2001 年，公司名列上海工业销售收入 500 强（第 194 名）。

界龙实业主业包装印刷业发展迅速，共投资创办了多家印刷企业，有印刷器材生产业务；有印前、印刷、印后加工全方位、一条龙印刷包装服务等，并形成了一定的生产能力和规模。

如在印刷器材生产方面的是上海界龙印刷器材有限公司，它是华东地区一个影响很大的 PS 版生产企业，它生产的"界龙牌"PS 版品质，可与进口的 PS 版比美，而且畅销海内外市场。

还如专业印前制版方面，已经设立了中日合资的专业制版公司为上海龙樱彩色制版有限公司，目前是国内一家较大的专业制版公司，同时被认定为上海市高新技术企业。它拥有数码打样、日本 SCREEN CTP 直接制版系统等国际顶尖的软硬件设备，并积极推动、实施数字化工作流程，继续抢占国内制版市场的制高点。

又如全方位印刷加工配套服务方面，公司先后从德国、日本、美国、瑞士、意大利等国引进ROLAND700、900、海德堡、三菱胶印机、BOBST烫金模切机等世界一流水平的大型成套印刷及印后加工设备，具备胶版印刷、凹版印刷、柔性版印刷、塑料印刷、丝网印刷、金属印刷等全套加工服务功能，生产彩色纸箱包装、纸盒包装、精装图书画册、大型出口画册、包装袋、报纸、商业表格、信封、商标标贴、金属包装制品等各类产品，具有全方位的印刷包装服务的实力和规模，具备规模竞争态势。

四、界龙以实力拓展和开发市场

享誉海内外的"界龙印刷"以它顶尖的技术设备、先进的工艺技术和一流的产品及服务品质，吸引了肯德基、诺基亚、阿尔卡特等世界知名品牌的跨国公司及国内多家知名企业的产品包装印刷业务。

界龙实业还涉足房地产业发展。公司所属的界龙房地产开发公司，先后竣工了一批公寓房、商务大楼、高档商住小区，为浦东新区及川沙新镇的建设与发展，塑造了良好的品牌形象。

界龙实业拓展国际市场。具有自营进出口权和外贸代理权的资格，公司的贸易部，能够代理各类商品、技术和服务的进出口业务。早在2001年，就实现了贸易额近亿元，为扩大出口奠定了良好的基础。

界龙实业介入IT产业。当今公司下属的光明信息管理科技有限公司，独立开发的ERP管理软件，在对企业原料采购、生产计划、成本核算、客户关系实现系统化管理上，实用性强，同时也为国内印刷企业实施信息化管理，提供了利器。

界龙实业还有组建跨国型大集团企业的未来发展构想。公司面向未来，将以改革为动力，市场为导向，坚持创新，实施品牌战略，大力提高企业竞争能力，加快跻身于国际一流包装印刷大企业行列的步伐。

五、界龙实业荣誉纷至沓来

界龙实业的经济稳步发展,使界龙村民尽享 14 项福利;年内创建"美丽庭院"试点村,按时间节点完成任务;建成界龙村"家门口"服务示范点,服务内容更全面;党政工青妇各条线工作在川沙新镇保持先进行列;坚持凝聚民心同参与、因地制宜美环境、聚焦"四治"强机制、传承文化塑乡风,取得了政治文明、物质文明、精神文明三个文明建设齐丰收的好成绩。2012 年集团荣获第二届"上海慈善奖"。2008 年—2010 年,界龙集团先后向汶川灾区、云南灾区、青海玉树地震灾区捐款捐物;2010 年向上海市慈善基金会、上海市老年基金会捐款;2010 年向上海市青少年发展基金会捐赠《中国 100》项目启动资金。

此外,界龙集团在 2011 年向贵州铜仁、毕节市捐资援建两所希望小学;2011 年通过中国志愿者服务基金会向"关爱农民工志愿服务活动"项目捐资;2012 年与上海市残疾人福利基金会合作设立"上海界龙助学基金",并荣获"全国抗震救灾先进单位""全国福利企业示范单位"等光荣称号。

界龙的高档画册《锦绣文章》,是作为胡锦涛主席访美时赠送耶鲁大学的首要图书,受到各界的好评。

"界龙"平版印刷工艺制品自 2004 年起连续多年被评为上海市名牌产品。2008 年"界龙"获评上海市著名商标。

六、界龙实业的房地产开发也取得成功

界龙房产开发有限公司开发建造的"界龙花苑"和高层建筑"界龙商务大楼"等项目,先后被评为完整街坊、上海市文明小区和优良工程。

在浦东新区川沙镇中心地段建造的"界龙新世纪公寓""界龙阳光苑""万馨家园",是川沙经典楼盘,是企业形象的标杆。

早在2002年，界龙实业利用川沙镇新城区开发进入实质性启动阶段的机遇，成立"上海界龙置业有限公司"，联合投资组建"上海界龙联合发展有限公司"，投身到浦东的小城镇建设和市政府的两个"一千万"工程中去，以加强房地产新项目和土地储备力度，在浦东三林镇、川沙镇等地黄金地段储备大量土地并拓展业务。

2005年，公司在三林板块中标上海市中低价商品房第一号公告中的第一幅地块，在此开发出的"世华锦城"项目，在社会上引起了轰动和关注。

公司还积极参与新区环城绿化带建设，租地近1000亩进行规划、建设和发展。

七、界龙实业涉足金属制品和食品生产

上海界龙金属拉丝有限公司以生产各类纺织用钢丝为主，为纺织器材、纺织机械行业提供配套服务，同时还生产其他各类中、高碳钢丝产品和优质钢线刀，产品远销香港、东南亚等地区。

另外，公司应用新材料、新技术开发技术含量高的新型纺织金属针布、钢领产品和钢丝圈产品，畅销市场。

公司旗下的上海界龙食品有限公司，引进日本先进的全套生产流水线，以优质材料和先进工艺首创以新鲜牛奶生产的"真味"奶糖，也在全国市场上成畅销产品，而且产品还远销美国、欧盟、日本、澳大利亚、中东等国家和地区。"真味"食品还开发出月饼系列，其口味独特，款色精美有韵味，备受市场欢迎。

八、界龙实业有证可鉴，前景广阔

费钧德这个名字一直和界龙联系在一起，界龙村以他为骄傲。

从费钧德1966年起创办小五金加工厂、创办当地村历史上第一家企业起，

到 1973 年投资 1000 元创办小印刷厂，开始改变界龙村命运，这是一条充满着艰难与希望的创业之路。界龙村民以他的名字为骄傲。

1984 年，界龙与中国包装进出口总公司、上海包装进出口公司三方联营成立了上海外贸界龙彩印厂，费钧德出任厂长。外贸彩印厂开发了销运两用高级包装盒，并和当初由中国外贸部领导对他总结的开创的"一体化服务"的新模式被列入国家星火开发项目，外贸彩印厂引进设备，引进技术和人才，产销突破亿元大关。

1994 年，界龙实业与跨国公司加拿大摩亚（MOORE）共同投资 1607 万美元成立商业表格公司。通过上市募集和自身筹集资金 2 亿多元，先后投资新办 9 家印刷企业，由此，"界龙印刷城"悄然崛起于浦东这块热土上。

1998 年 7 月 1 日，时任美国总统克林顿在上海访问时，会见了企业家代表费钧德。

1999 年 5 月，原全国人大常委会副委员长费孝通视察界龙时欣然题词："界龙印刷　独领风骚"。

2000 年 11 月，界龙实业与中国日报社合资成立上海界龙中国日报印务公司。

2001 年 5 月，界龙实业和海德堡、曼罗兰等全球印刷业巨头共同设展中国印刷博物馆。

同年 6 月，集团董事长费钧德荣获中国印刷界最高奖"毕昇奖"和"森泽信大奖"；由龙樱公司、艺术印刷公司（原印刷装订厂）印制的《晋唐宋元国宝画画册》在业界引起轰动，时任上海市副市长周禹鹏等发来贺信。

2002 年 12 月，芬兰总统塔里娅·哈洛宁女士，在北京芬兰驻华大使馆会见费钧德。2003 年 10 月，界龙实业隆重举行"界龙彩印三十周年庆典"大型活动。

2004 年 12 月，《淳化阁帖最善本》在新加坡荣获亚洲印刷大奖金奖。

2005 年 11 月，上海界龙实业股份有限公司股权分置改革成功。

2005 年 11 月，《锦绣文章——中国传统织绣纹样》在泰国荣获亚洲印刷大奖金奖。

2006年4月29日，费钧德董事长提出公司新的经营理念。他说，我们要成为提供策划、设计、产品、服务多种选择的世界性供应商，最终让我们的客户提高收益。

2007年2月，界龙实业成功实施非公开定向增发股票。

九、费钧德规划前景

新世纪里喜事多。北京申奥成功；中国成功入世。一个自强不息的民族，一个日益强盛的国度，积极融入全球经济的浩荡洪流。上海这座曾经风云一时的都会，如今在国际经济舞台上频频亮相，在展现"经济之都"的魅力之时，越来越像一个大吸盘，令国内外资金流、信息流、技术流、物流、人才流趋之若鹜，续写"一个龙头，三个中心"的发展梦想。

盛世之幸，亦是界龙之幸。集团总体经营态势平稳，主要经济指标稳步增长，如今已经成为年销售12亿元，总资产超13亿元的包装印刷的龙头企业集团，2004年，居中国印刷100强第8位，中国包装印刷百强企业第4位，一座立足浦东，辐射全国，集高科技、优秀人才与先进设备于一体的现代化印刷城已然崛起。

忆往昔，峥嵘岁月稠。界龙萌生于动荡的上世纪60年代，以千元起步于上世纪70年代，在计划经济的夹缝中，开始了充满艰辛和希望的创业历程；上世纪80年代得改革开放风气之先，技术设备鸟枪换炮，企业规模迅速扩张，走上发展快车道；在1992年邓小平南巡后，又积极融入"开发浦东"热潮，审时度势，着手把村办企业改制成功挂牌上市；上世纪90年代末，众志成城，力挽狂澜，终于走出逆境，迎来新世纪缕缕阳光。

回顾风雨历程，感慨万千。过去数十年，多少乡镇企业风涌而起，名噪一时，上演传奇故事；又有多少昙花一现，溃于一旦，瞬间烟消云散！而界龙走到今天且始终呈阳线上升之势，根源于一以贯之的"创意、务实、团结、奋进"

的企业精神，不靠关系、遵守法纪、诚信为本、公平竞争；根源于与时俱进的姿态和持续创新的活力； 根源于管理层一心为公的公信力和员工们诚实勤劳的付出；根源于扎扎实实地开展界龙人思想道德、素质教育工作。

展望未来，机遇与挑战并存。在新经济浪潮涌动，中国加入WTO融入世界性市场，整个外部环境发生巨大变化，未来呈现全新格局的背景之下，创造一个明天，使今天的界龙更加充满希望和活力；创造一个未来，与今天的界龙竞争，使我们保持更加旺盛的生命力和发展冲劲。展望未来，唯秉承龙马精神，积极应对时代挑战，界龙必达于胜境，腾飞盛世！

十、界龙的格局是以世界一流印刷企业为标杆

界龙实业以坚持技术领先和品牌制胜的发展策略，引进世界领先的生产设备，拥有曼罗兰、海德堡、三菱、高宝、博斯特等代表世界一流水平的印前、成套印刷及印后加工设备，构建了行业领先的硬件生产加工平台。公司始终坚持跟踪、应用世界印刷技术领域最前沿的技术，建立技术研发中心，重点研究、推广细瓦楞印刷、复合材料印刷、数字化印刷、环保印刷等新技术，目前公司已获得数10项知识产权。近年来公司印刷品在国内外行业重大评比大赛中连获桂冠，印品曾获中华印制大奖赛金奖等重量级荣誉。"界龙印刷"荣获上海市著名商标，"界龙平版印刷工艺制品"连续5年荣获"上海市名牌产品"称号。

界龙实业董事长费钧德获得"全国轻工业企业信息化优秀领导"和"上海市职工信赖的经营（管理）者"等荣誉称号。

2015年界龙实业名列"2015中国印企百强排行榜"第7位，被评为上海市出版行业技能鉴定点、"2012-2014年度浦东新区劳动关系和谐企业"，公司印前印刷技术部荣获"全国工人先锋号"荣誉称号，为公司树立了良好的品牌形象。

界龙实业本部及御天分公司、外贸界龙、艺术印刷、中报印务、界龙永

发等6家企业获得"浦东新区企业履行社会责任达标企业"称号，另有多家子公司已纳入浦东新区企业履行社会责任达标企业评定范围之内。

早在2015年度，界龙实业公司营业收入人民币154,292.06万元，实现利润总额人民币5,212.57万元，上交国家税款人民币1亿余元。

十一、界龙实业职工的权益能够得到充分保护

界龙实业坚持"以人为本"的管理理念，努力构建和谐、双赢的劳资关系。在生产经营、员工培训、用工保障、薪酬福利、社会保险缴纳等方面切实推行"以人为本"方针，全方位、多角度地关心员工的工作、生活和职业发展，并严格遵守《劳动合同法》《工会法》等法律法规，依法保护职工的合法权益。公司依法与全体职工签订劳动合同，且严格履行劳动合同。

界龙实业严格执行劳动管理制度，杜绝使用童工、歧视女工现象的发生，同时建立大学生实习基地，利用该平台为广大学生提供就业岗位，缓解社会就业压力。

界龙实业不断完善以职代会为基本形式的民主管理制度，健全职工代表大会制度和工会组织，严格依照《工会法》切实保障公司职工各项基本权益，并将企业重大事项、规章制度、会费开支、"五险一金"缴纳情况等及时向职工代表报告。

界龙实业按规定参加社会保险，并按时足额缴纳各项社会保险费。公司依据国家法律法规的相关规定，根据每位员工的户籍性质为其缴纳相应的社会养老保险，做到按时缴纳，从不拖欠。2015年4月起公司还为全体员工进行体检，确保员工身心健康，做好有病早发现、早治疗的预防工作。

界龙实业依靠工会组织在企业和员工之间架起良好的沟通桥梁，每年公司都对困难职工开展扶贫帮困活动；人力资源总部对每位员工提供一份由总裁签名的生日贺卡和蛋糕券；员工家庭遇有婚丧事，工会与部门领导总是及时到场送上关爱；公司设有董事长信箱和总经理信箱，有专人定期开启，听

员工的合理意见和投诉，及时反馈处理结果。

界龙实业十分重视员工人身安全管理工作，公司及下属企业均设立安全管理小组，为预防各类应急和突发事件，建立了应急管理体系。同时公司总经理与各子（分）公司及各职能部门签订了安全责任书，做到责任落实到人。企业新进员工必须进行安全知识、操作技能的培训，考试合格方能上岗，特殊工种岗位的员工必须是持证上岗。在平安单位创建活动中，外贸界龙、艺术印刷、界龙永发、界龙现代、界龙中报5家单位荣获"上海市平安单位"。

界龙公司积极开展职工培训，为员工提供成长与发展机会，激励员工贡献并与企业分享成果。公司坚持对员工进行安全培训、上岗培训、专业技能培训、业务员培训、车间管理人员培训等形式多样的培训工作，并且对所有技术工人都要求持证上岗。

十二、供应商、客户和消费者的权益也能得到充分保护

界龙实业公司和客户、供应商诚信合作，建立了良好合作伙伴关系。公司以"成为提供策划、设计、产品、服务多种选择的世界性供应商，最终让我们的客户提高收益"为宗旨，根植于上海，深耕华东，积极布局全国市场，有重点地建立全国中心城市的加工和业务服务网络。

公司严格质量管理，建立全面质量管理体系，完善ISO质量管理体系，下属骨干企业全部通过了ISO质量体系认证。努力树立良好的服务意识和全面质量管理意识，"客户是上帝""一切使客户满意"贯穿于企业的各项工作中。

公司总部建立了全面质量管理办公室，"全质办"作为常设机构，指导与督促严格执行产品质量管理制度，严把质量服务关。公司建立了客户管理档案和客服队伍，设立了董事长信箱和总经理信箱制度，不断完善客户意见反馈机制、投诉机制和快速响应机制，遇到难题及时协调解决。

公司以建立战略伙伴关系等方式与重要客户确立长期、稳定的合作关系，以专业服务团队，驻厂服务、建立大客户工作室等方式提供个性化的贴身服务。

对于客户需求,公司倾听客户声音,加强沟通,从技术、品质、成本、服务速度与灵活性等方面进行全面满足,切实提高客户满意度和忠诚度。

公司以产品和服务质量的优胜,在中国包装印刷质量评比中,获三金一银一铜,界龙永发"液体食品无菌包装纸基复合材料"荣获2014年度上海名牌产品。

十三、界龙实业公司坚持创建"资源节约型、环境友好型"企业

界龙实业在产业发展中倡导绿色环保理念,把节能减排作为自己的生态责任,自觉建立清洁生产机制和精益生产方式,逐步引入森林环保体系,积极应对低碳经济,对企业的现状与前景进行科学分析和宏观规划,合理调整企业的经营策略,使设备能耗、生产工艺、生产排污、产品标准等符合节能减排、绿色环保的要求。同时,大力推广环保柔印工艺、微细瓦楞包装材料和新型多层复合无菌包装材料等技术研发与运用,开发出技术含量更高、质量更好、碳排放更少的新产品,引进低能耗高效率的低碳环保新技术,加快淘汰高耗低能的技术装备,保证低碳经济的有效运行。

界龙实业公司自成立以来，一贯十分重视环境保护，在经济发展的同时，强调各企业必须做好环境保护。明确要求生产企业不许有危害职工和环境的行为，不允许"环评"通不过的企业生产。对生产和生活产生的废气、废水纳入政府规定的管道排放。公司每年在环境保护和宣传方面投入一定比例的资金，用于环境布置、绿化覆盖、场地平整、死角消除等。

目前，界龙下属四家主要印刷企业已通过"绿色印刷企业"认证。

十四、界龙印刷包装延续发展，开发"纸塑模"新型产品

界龙实业在费钧德董事长的带领下，响应国家和国际上的呼吁，"以纸代塑"使用可降解的包装材料，开发从模具设计制造、设备制造到包装产品制造一体化生产的"纸模塑"也叫"纸塑模"新型包装材料，而且在奉贤、重庆、合肥、泰州、昆山创建了"纸塑模"产品包装企业，估计2020年可量产达3亿销售。

作　者：冯瑞兴
创作格言：生活中要百炼成钢，坚持自己奋斗目标，不只是冒烟，必须辛勤燃烧激情，持之以恒方有成效。

家庭梦融入中国梦，一家两代追梦人

——见证中国改革开放 40 周年的上海界龙集团有限公司董事长费钧德

在庆祝改革开放 40 周年大会上，习近平总书记引用名句："行之力则知愈进，知之深则行愈达。"回眸走过改革开放峥嵘岁月积累的宝贵经验，是党和人民弥足珍贵的宝贵财富。感悟知与行的辩证关系，对新时代坚持发展中国特色社会主义有着极为重要的指导意义，必须倍加珍惜，长期坚持在实践中不断丰富和发展。

有着五千年文明史、13 多亿人口的中国推进改革发展，没有金科玉律的教科书，没有颐指气使的教师爷。鲁迅说："什么是路？路是没有路的地方践踏出来的，从只有荆棘的地方开辟出来的。"新时代中国特色社会主义道路，是当代中国大踏步赶上时代，引领时代发展的康庄大道，必须毫不动摇地走下去。上海界龙集团有限公司董事长费钧德创业 50 多年的发展见证了界龙腾飞的全过程。

一、敢为先行，勇立潮头
奋勇拼搏，引领示范

"天行健，君子以自强不息，地势坤，君子以厚德载物。"

黄楼乡界龙村在改革开放不断创新的进程中所积累的强大能量得以充分爆发，费钧德一个个企业创立诞生，例如捷达文化用品公司、上海界龙现代印刷有限公司、上海界龙中报印务有限公司、上海界龙艺术印刷有限公司、上海界龙实业集团股份有限公司、彩印厂、拉丝厂、日化厂、印刷器材厂、龙樱彩色印刷制版公司、房地产开发公司、建筑公司等等，许多产品获中国包装行业优质产品证书、东方之星长三角首届瓦楞纸箱质量评比创新奖；公司企业规模日益扩大，产品日新月异不断更新，品种繁多纷呈、益智游戏类、套装纸品、商业账单、信封制作、数码印刷、彩色印刷、数据处理、打印封套、现场付邮一条龙服务专业、拥有先进信封设备、打印封装设备；产品涉及金融、保险、公共事业、邮政、电信、快递物流、航运等领域，并与中外银行建立了长期广泛的合作关系；同时也是上海财税局印制各类财税票证的定点单位；印刷公司提供精美彩报印刷：中国日报、新闻晨报、新民晚报、华夏时报、法制文萃报、国际金融报、浦东时报以及艺术印刷礼品、高档画册、辞海、书刊、中外企业高档样本、包装；市府、市博等高档印刷艺术，客户遍及全国各省市。在生活用品方面更是包罗万象，各色精美包装如：外贸出口产品手帕、铅笔、玩具、手机包装、酸奶、果汁、大红枣、牛奶、食品、药品、脑白金、名烟、名酒、茶叶礼盒，形态大小不一，彩色斑斓，化妆盒、保健品盒、罐头、饮料……

界龙产品精美，荣获中国包装行业优质产品证书、浦东新区企业社会责任达标企业等殊荣。社会效益、经济效益为人民带来了实惠、米袋子、菜篮子充实，果园飘香、猪鸭满圈、道路纵横、花草满园、绿化盎然。

回顾创业历程，费钧德1968年创办五金加工厂；1973年用1000元创办了印刷厂；1994年2月改制成界龙实业集团股份有限公司，上海证交所挂牌上市，简称界龙实业（股票代码：600836），坚定走规模化发展道路，形成印刷包装和房地产开发两大主业，发展成拥有20多家子公司、3000多名员工、50多亿总资产的现代化集团企业。

作为民营企业，在改革开放的道路上始终坚定开拓创业创新，在实践中不断探索发展，创研现代产品，为国为民做出贡献。费钧德带领的团队受到了国内外好评，并受到了美国前总统克林顿、芬兰前总统塔里娅·哈洛宁的接见，党中央、国务院、人大、政协的许多领导都到过界龙考察访问，与总裁费钧德和副总裁费屹立父子交流，领导们对界龙集团的创业精神纷纷提笔致辞，国家经贸委副主任、中国包装联合会会长邱纯甫题词："继往开来，再创辉煌"；人大副委员长费孝通题为"界龙印刷，独领风骚"，93岁时为庆祝界龙30周年庆典题词："龙腾万象，彩印流芳"；龚学平副市长题"界龙而立新气象，百年辉煌定根基"；当界龙成立40周年时，市政协领导蒋以任题词："荣耀见证四十春秋，远见铸就百年基业"；"奋发创业，追求精美""志载盛世，文明传家"；政协主席冯国勤题为"达观"；南京军区、济南军区副司令刘伦贤中将的题词为："尽显卓越，再铸辉煌"；中国印刷技术学会会长武文祥题为："追求卓越品质，引领印刷潮流"……前往界龙参观视察的现任、曾任的各级领导有：原全国政协副主席郑万通、马培华、市委副书记吴邦国、市长汪道涵、副市长赵启正、人大主任刘云耕、江西省委书记孟建柱、国家轻工业部部长傅立民、纺织工业部部长石万鹏、中国轻工业联合会会长陈士能、中国外文局副局长周明伟、中国印协理事长于永湛、中国印刷及设备器材工业协会会长李守仁。浦东新区各级领导周禹鹏、胡炜、杜家毫、徐麟、李梅等视察访问时，还与之合影。费钧德董事长向前来视察的领导一一汇报界龙企业成长发展情况。领导鼓励、首长赞扬、行业支持、员工努力,为界龙的发展,实现中国梦的崭新梦境继续开创新局面。

二、新使命肩负新担当
新时代赋予新作为

自古以来,中国大地上发生了无数次变法变革奋强运动,留下"治世不一道,便国不法古"等豪迈之言。在商鞅与秦孝公的对话中,商鞅如是说,意在表示治理国家不能按照死板的方法去做,在旧方法已经失效的情况下,就不应该死守,必须改革创新。

界龙厂1982年印刷工艺简单,全县竞争厂200家,印刷厂在夹缝中挣扎,加上设备陈旧、工艺简单、包装质量不高,直接影响企业效益和出口创汇。农民企业家费钧德在严峻的现实中,表现了具有开拓进取的时代意识,他决心:抓住改革开放大好时机,引进国外先进设备武装自己,引进优秀技术人才提高自己,引进先进管理知识发展自己。于是决定投资70万元,其中40万元进口德国、日本的胶印机和压光机,另外,30万元添置设备搞基建。大胆引进国外技术的结果是当年产值511万元,利润达110万元。从此,"界龙"这条蛟龙在社会主义市场经济的大海中遨游起来。试飞告捷,彩印厂1986年用220万投资,增添了先进双色胶印机和照相制版设备,1987年投150万,1988年后又花140万美元,使新印刷厂成为具有一条龙生产线能力,与上海20多家外贸进出口公司及所属250多家工厂建立了长期的业务关系,产品远销40多个国家和地区,从几千元创业到年产值5000多万元,利润超过500万元,凝聚全体界龙人的心血和智慧,费钧德作为引路人见证着企业发展中不懈努力和执着追求的奋斗精神。

工业经济的腾飞带动了农业经济的发展,农机站、钢丝棕厂、排灌机、日化厂、鱼塘、农牧副工全面发展,工业位居全县350多个村之首;粮食超交数全县第一;综合畜牧拥有蛋鸭,交售生猪1000多头;60亩鱼塘、50亩果园……拥有总资产6亿多元,列入全国乡镇企业500强、菜篮子工程先进集体等荣誉称号，为界龙腾飞推进发展更上一层楼夯实了基础。

费钧德回顾界龙集团这家民营企业从 500 元起家，村民拼凑办小作坊加工螺丝帽到 1968 年至 1970 年关关停停被当作资本主义尾巴割，道路坎坷经历磨难曲折，几经奔波周折了 180 多天终于领到了一张营业执照，于是界龙人披星戴月肩挑、人力车拖拉辛勤地购原料、送产品，靠着汗流浃背的苦工为企业的发展个个尽心尽力。

改革开放的春风吹遍全国，民营企业得到了拾遗补缺的发展，国有企业不做的业务由民营企业趁势而上。"发展才是硬道理"，邓小平的话让界龙组成集团军，创建了浦东最大包装印刷企业——浦东彩印公司，并创办了界龙房地产开发公司、界龙装潢公司，甚至还与美国、日本、加拿大、德国及中国台湾地区建立了合作关系。

企业的发展离不开党的领导，界龙村的党组织凭借自己强大的驱动力和凝聚力，带领村民走向致富、文明的康庄大道，村党委被评为"全国先进基层党组织"。党委书记费钧德说："在界龙一个党员就是一面旗，一个干部就是一根标杆。我们肩负着村民的信任，面临着随时动荡的市场环境，担子怎么能减轻呢？"党委推出了党风廉政，村务、企务、厂务"三公开"新举措得以落实，党员自觉接受群众监督。建党 80 周年时，界龙村党委被中央组织部授予"全国先进基层党组织"的光荣称号，由费钧德领导的党组织获得如此崇高荣誉，是全体党员全心全意为民服务的努力结果。

荣誉面前，费钧德的最大心愿是："让农民富裕是我的梦！"这也是中国梦在基层党组织领导的具体体现，构筑中国梦的目的是强国富国，让老百姓奔小康过上好日子。"人是要有点精神的""村里的农民还没有家家达小康，还须努力"，费钧德扬鞭奋进、锐意进取，决心让每个村民和员工生活无忧，幸福安康。

三、家庭梦融入中国梦
一家两代追梦人

自古以来,中华民族就以"天下大同""协和万邦"的宽广胸怀、自信而又大度地开展同域外民族交往和文化交流,曾经谱写了万里驼铃万里波的浩浩丝路长歌,也曾经创造了万国衣冠会长安的盛唐气象。这是古代丝绸之路时期世界性大都市长安的景象,如今"一带一路"倡议则带动开放的大门越开越大。不忘初心,牢记使命,共同构筑国家的中国梦已成为国人心愿。

企业家、劳动模范、带头人费钧德的个人家庭梦想已实现,他说:"现实比我的梦境更完美。"不是吗?全国有几位农民企业家代表能受邀与时任美国总统克林顿的会见并共进午餐?确实,界龙集团是中国改革开放百花园中的一朵奇葩,而集团军的引路人费钧德是构筑实现中国梦的追梦人。

展望未来开发新征程的2009年,费钧德正式将董事长一职交棒给国外学成回国的大儿子费屹立,费屹立在公司各个岗位上已历练多年,思维行事成熟。费钧德说:"我完全可以放手。"同样,留学归来的二儿子费屹豪加盟界龙,接力顺利传递界龙二代继续创业。

沉浮商海50余载的费钧德告诫儿子:坚持为公司发展着想,不能随便改变坚定发展途径;对事业满腔热情和忠诚;要谅解那些说你不好、怀疑你能力的人;学会宽容、气量要大,只要自己坐得正立得稳。费钧德获得"行业杰出贡献企业家"时谦虚地说:"金杯银杯不如员工村民行业人的口碑。"他一贯高调做事、低调做人,他梦想的实现需要薪火传承,但他年已古稀却退而不休,他把精力放在监管上,毕竟20多家子公司、50亿资产、3000多职工的上市公司,如何使庞大的盘子高效运转,仍须日夜操心。为此,本该含饴弄孙享受天伦之乐的时间变得很少了,他的心融入界龙梦是构筑中国梦的组成部分;他两个儿子都曾在澳大利亚就学就职,曾任银行高管;两个儿媳妇都不是本地人;二儿子费屹豪双学位毕业后在澳洲国立银行工作三年多,回国结婚后参与集团管理,担任了界龙公司总裁助理;一家父子3人全身心投入了发展的进程。

为提高文明素质,费钧德发动群众让600多户村民选写"家训词",经评比后请书法家书写,并高温烧制在搪瓷片上,发给每家每户;费家的家训词则是:凡我子女,谨守家训,克勤克俭、以史为鉴;志在天涯、学无止境、尊老爱幼、养身修心、遵纪守法;一介平民、一旦为官、清正廉明、报国为家,吾日三省。

费钧德曾是克林顿提出要接见的上海农民企业家之一,在证券大厦,费钧德将界龙创业的"中华一家亲"精美画册作为礼品赠送给总统,这是"中国农村第一股——界龙实业"的创业史;费钧德回答了克林顿提问农民生活水平提高了多少时说:上世纪60年代后期界龙年人均收入不到10美元;1997年人均收入已达1000美元;并告诉总统自己儿子名为费屹立,即屹立在世界东方,我们要实现中国梦!克林顿听后风趣地说:"OK,农民有钱也可以去打保龄球了!"费钧德就关于中国龙有何特征的提问回答说:"龙背驮来福禄寿,龙嘴衔来金满屋,龙爪劈开生财路,龙腿迈出青云步,龙眼为我照前途,龙尾展开大鸿图。"由此可见,费钧德这位全国优秀乡镇企业家、上海和全国劳动模范的睿智和豪迈气概是何等铿锵有力,他的口才和文才又是何等的优雅而丰富。

都说成功的男人背后必定有贤惠能干的贤内助,确实,费钧德的夫人吴宝珍就是一位出色的好妻子。她与丈夫共同艰苦创业,干过小五金厂小工、手帕厂烫手帕、糊纸盒子、印刷厂业务员、制版工、洽谈业务、与客户签订合同。她早出晚归,忙里忙外、孝敬婆婆、培养儿子,她是家庭的栋梁,是企业主心骨,她乐做慈善捐款、乐为群众排难解愁,她曾6次被评为上海市"三八红旗手"。超负荷的工作、过度辛劳终因患病不幸于2001年2月14日离世。800多名干部、群众、村民为吴宝珍送行。她的先进事迹被入选全国妇联编的"九十年代中华巾帼大典"一书中。

费钧德的大儿子费屹立是界龙新一代的领军人物,他身负父辈厚望,拿到澳大利亚墨尔本理工科国际金融硕士学位,为继承父亲创业,一家两代实现中国梦，他放弃国外优厚待遇的工作，回到家乡参与界龙发展关键的改制工作，他运用学到的知识和实践经验，在父亲的支持下，编制了公司改制方案："公开、公正、公平"，获得了村民代表大会全票通过。

费屹立于 2002 年底出任界龙集团副总裁，他为了实现可持续性发展，必须在产业整合、基础管理方面理顺关系，夯实基础，他根据企业成长规律与自己学到的专业知识，进行整合，向管理要效益。财务管理上推行经理委派制，统一培训，账款跟踪监督，提高资金回笼效率，对资产进行跟踪评估审计，成立集团采购物流部，进行资本扩张，公司股本从 2001 年的 1 亿股增到了 3 亿股，市值 7 亿元增至 40 亿元。他提出以"创新、高效、突破"为宗旨，"创新驱动、转型发展"。40 岁的界龙与费屹立同岁，四十而不惑，40 年前的昨天，界龙 1000 元起家，40 年后的今天，界龙实业拥有了 50 亿资产和 20 亿营业额，位列全国包装行业首列；40 年后的明天，界龙集团将会风骚成怎样？费屹立说："最崇高的是父亲那种坚韧不拔的创业精神，无论在艰苦创业的峥嵘岁月，还是企业发展时期，始终把眼光盯着更高目标，马不停蹄，永无止境。"接班，是责任的传递，使命的延续，费钧德及两个儿子费屹立、费屹豪一家两代人的追梦人，融合了家庭梦构筑的中国梦，青出于蓝而胜于蓝，创业路上自有后来人，中国梦必将在祖国大地圆满实现。

四、跟上时代要求，实践要求，人民要求，在新征程上书写界龙新篇章

40 载惊涛拍岸，九万里风鹏正举。江河之所以能冲开绝壁夺溢而出，是因其积聚了千里奔涌、万壑归流的洪荒之力。"惊涛拍岸"出自宋代词人苏轼的《念奴娇·赤壁怀古》。中国人民经历了太多的磨难，付出了太多的牺牲，进行了太多的拼搏，而改革开放的 40 年，恰恰是中国人民大展宏图的 40 年。

李清照《渔家傲》的"九万里风鹏正举"，长空万里，大鹏冲天，中华民族在历史进程中积累的强大能量已充分爆发出来，为实现伟大复兴提供了

势不可当的磅礴力量。

界龙集团在新形势下，"小跑步，不停步"，印刷技术不断提升，产品跟上时代要求，《晋唐宋元书画家特集》，大型画册在第58届美国印刷制品大奖赛上，获得"一金一银三铜"，实现了"印刷奥斯卡"，其中《锦绣文章》画册成为由胡锦涛访美时赠送给耶鲁大学的首要图书。

费钧德的二儿子费屹豪毕业于墨尔本大学，获得经济管理和电子工程双学位，他把海外学到的知识和管理运用到界龙创新实践中，为实现现代化要求，身为公司总经理、总裁助理的海归者，以吃苦耐劳、脚踏实地苦干的品格，以海外银行高管积累的经验，通过科学的市场调查和分析，制定了合理的发展战略和营销格局，他热情工作、勇于创新的精神，探索出一套科学营销的新理念新方法，取得了显著成效。界龙集团每年为国家、社会创造了1.5亿元的税利，进入中国200强包装企业之列，他推动公司办公无纸化，提高工效，为企业发展注入新活力；他以开拓海外业务，成立外贸部，与海外客户取得了密切联系，他倡导真诚、亲和、务实的企业文化，提高了企业的形象。在创新务实的实践中，多渠道、多形式、有步骤地推进企业建设。费钧德父子三人和界龙团队，在新的市场挑战和机遇中，共同努力，扬帆远航。

40多年来界龙由小到大、由弱到强、由低到高、由穷到富的转变中，经受风霜雨雪的吹打，经受数十载艰辛磨难，终于以坚实的信念和长远规划，始终坚信企业要在未来"屹立在世界东方"。将列入世界500强作为前进发展的标杆，在坚定的信念和长远目标的推动下，界龙决心每个十年都有较大的跨越飞跃，实现界龙梦，共筑中国梦。

界龙人提出口号："奋斗永无止境，满足就是意味着倒退。"纯朴的观念是企业家的思维，要在社会主义市场经济浪潮搏击中具有强大的实力，必须不断创新，向着更远大的目标进军。事实证明，界龙集团在新的历史发展进程中，不断书写新篇章。

一个乡村民营企业，几十年如一日，坚定执着地在生存中求发展，发展中求效益，创业中求腾飞，一步一个脚印。界龙是象征中国民营企业的探索求实典型；界龙实业见证了中国改革开放经济发展的全过程，是中华民企脱贫致富的一面旗帜，在广阔的中华大地上迎着朝阳高高飘扬；界龙是创业中求腾飞，是实现中国梦的典范，是融合当今家庭社会忠诚的追梦人；界龙是中华民营企业的楷模，其卓越的经营理念、完整的管理科学、高效的技术创新、文明文化的精神建设，是当代民营企业发展途径中可以借鉴运用的整套实践经验，取而用之，受益无穷，是脱贫致富奔向小康崇高宗旨的康庄大道，愿界龙的创业发展史载入中华创业者的史册，费钧德的一代改革创新求发展的精神永远是人们学习的榜样。

费钧德的公司内有块金色中外文挂牌，这是2006年4月29日由他签名的公司名言，也是经营理念：我们要成为提供策划、设计、产品、服务多种选择的世界性供应商，最终让我们的客户提高收益。

公司要成为世界性的供应商，这豪言壮语充分表达了董事长心目中宏伟目标的发展理念，要实现这雄心壮志是要靠几代追梦人的努力，这是中国人屹立世界的骄傲，令世人刮目相看。

不是吗？他创建的上海外贸界龙彩印有限公司，就具备印前、印刷、印后一整套完善的产品加工体系，通过数字化的规范操作，产品质量的稳定性得到了进一步保证。此外，公司还致力于提供食品、药品等快速消费品的包装印刷及书刊印刷，并向全国主要城市布局，目前在北京、重庆、合肥、江苏、昆山、泰州等地已设厂及销售接单中心。

界龙创建的技术研发中心应用世界前沿技术，致力于新材料、新技术、工艺、流程和产品的研究开发。重点推进绿色环保印刷工艺和产品研发，大力开展高清柔版、印刷技术、密切跟踪3D打印技术的发展，探索数字印刷的技术运用，拓展特种印刷领域市场并参与有关印刷国家标准的编写工作。目前，该公司在印刷管理、数字化印刷技术与方法、印刷包装新材料的研发、包装结构开发和设计等方面获得超过120项专利和著作权，提高了构造企业核心的竞争力。

界龙创建的御天包装印务公司，专业从事食品、药品包装产品的生产、加工，有为食品包装用的主体盒、冷饮保鲜包装盒、冰激凌纸盒、牛奶纸杯、食品包装袋、液体屋顶式包装盒、药品说明书、包装彩盒等，拥有从日本、德国、韩国等引进的技术领先、性能优良的专业印刷及印后加工设备。以科学的质量管理体系，细致入微的现场管理及内部控制流程，打造国内一流的食品、药品包装生产企业，为客户提供创新、满意的彩印包装服务，深受国内外用户好评。

界龙连续开发了一个个子公司，又如界龙永发包装印刷有限公司，主导产品多层复合无菌包装材料引销国内外市场，产品类型包括多种形式的砖包、枕包、屋顶包、康美包以及包装等，材料由6—9层结构组成，大都用于乳品果汁、茶饮奶酪、奶粉番茄酱等食品包装；而且这些包装属于可回收再利用的环保资源，通过循环可再造生产各类日用品。界龙创造的这家公司拥有多台先进印刷设备、世界一流的复合生产设备以及自动收缩缠绕包装机，完整的包装材料实验室，保证了产品质量的稳定。

龙腾盛世，界龙实业集团股份有限公司成为中国著名的包装印刷集团企业，产品服务范围突飞猛进，已涵盖了彩色纸箱、纸盒、图书、画册、报纸、商业表格、商业标签、包装纸PVC镭射卡以及出口包装的配套产品，为日用消费品、日化、电器、电子、通讯、食品、医药、出版、金融、保险、邮政、航空、运输等行业提供了全面的优质服务。2006年，界龙实业名列中国包装印刷业百强企业中的前十位。

由于费钧德董事长长期在改革开放大潮中的探索创新，坚持引进世界先进技术和设备，引进科技人才，至今成为领先世界的独家民企印务大王，具备胶版印刷、凹版印刷、柔版印刷、数码印刷、丝网印刷等全套加工服务功能，形成了策划、设计、印刷及印后加工物流包装一体化服务的产业链。界龙产品涉及到人们生活各个领域，界龙持之以恒尽责尽业的非凡创业、开拓精神是当今国人实现中国梦伟大的忠实追梦人。

作　　者：任端正
创作格言：山一样崇高信仰，
　　　　　海一样为民情怀，
　　　　　铁一样责任担当，
　　　　　火一样奋斗激情。

铭记对乡亲不变的承诺

——记上海界龙集团董事长费钧德

2016年9月，费钧德到印度尼西亚巴厘岛参加"世界华商大会"，来自世界各地的3000余名华商与会。我们中华民族历来有勤劳勇敢、开拓进取的精神，分布在全世界的华商秉承着这种精神，艰苦创业，顽强奋斗，取得了世界瞩目的成就，为全球的经济发展和社会进步做出了不可磨灭的贡献。界龙集团作为一个从手工作坊式的村办企业，在中国改革开放政策的指引下，发展到信息化时代的现代集团企业，走出亚洲，也跻身世界华商的行列，而费钧德始终不忘创业时对乡亲们的承诺："一定会一心为公的。"

"开关厂":没有关住他的心,而是开启了一扇门

1962年费钧德回到界龙种田,开始了一个传统农民的生活。虽然并不安分,但是农活他样样干得出色,他肯吃苦是出了名的。让他想不通的是,做学生的时候,只要努力勤奋,成绩就好;回家当了农民,他起早贪黑地做,为什么还吃不饱穿不暖?农民的出路在哪里?

界龙穷得叮当响,尤其是在"三年自然灾害"时期,真是吃不饱穿不暖,家里经常揭不开锅。1961年,费钧德的父亲就是因为饥饿吃了太多的草根造成肠梗阻而去世的,才49岁。他很崇拜他的中学老师说的一句话:中国的出路是农民去做工人,我国要从一个农业国转变为工业国。当了6年农民,1968年,他的机会来了。也是因为要摆脱贫穷,经常有小道消息说,周边一些村里都在偷偷摸摸地办小工厂,还赚了蛮多钱。他毕竟读过书,在当时也已经算是知识分子了,知道一些社会上的事情,而且也不甘心一辈子做一个农民,就去和大队长周祥贤建议办企业。一次在周祥贤的家里,费钧德,还有几名村干部开了一次极其重要的会议,因为这次会议做出了一项决定,办一家小工厂。目标有了,路径却没有,不知道应该办什么工厂。对于世世代代的农民来说,工厂是一个遥远而陌生的名词。村里委他以重任,到市区考察调研,因为他是"知识分子",又是小工厂的积极鼓动者,又是大家公认最吃得起苦的人;还有一点,是看中他脑子活络,点子多,办法多,善于交朋友,用现在的话来说,觉得他的情商比较高,到市区能找得到关系。

费钧德到了上海市区,人生地不熟,不要说后门开不到,连前门也不认得。他想到了旅社,那里住的都是南来北往出差的人,他们会有各种业务信息,他想听他们说说他们的业务,请他们帮界龙村办厂出出主意,说不定就可以找到捷径。费钧德现在还记得那一年住的旅社,就在南京东路旁边一条小马路的兰考旅社。也正是在这个小旅社里,通铺房间里几十个素不相识的旅客为他当起了诸葛亮。可以这么说,界龙村的第一家小五金厂的设想,就是来自这一个兰考旅社。

目标有了，路径有了，办法还是没有。一个小小界龙村，既没有机器，也没有订单，更没有技术。一个农民想做工人，先要拜师。师傅在哪里？自己去找师傅。那个年头，一个农民要做任何种田之外的事情，真是难上加难。幸好，费钧德的哥哥当时在市区工作，他住家的对面恰好有一家五金加工厂，到现在他连厂名都记得——"建国螺丝厂"，因为这一家厂，不仅仅是在当时给他留下深刻的印象，而且也是界龙小五金厂起步的直接引路人，是界龙集团的第一口母乳。

螺丝厂就在眼前，但是费钧德没有任何熟人。开后门的资格也没有，人家厂长、车间主任也不会理睬他这个乡下人，门房阿姨将他挡在了厂门外。这时候，他的耿脾气发生作用了，一定要想办法进去，要是眼门前的螺丝厂也进不去，那还有什么厂进得去？他每天就到螺丝厂跟门房阿姨"软磨硬缠"，要她们帮忙。一天、两天，到了第三天，他终于像"愚公移山"一样感动了上帝。门房阿姨看他认真，真是要学本事的样子，就答应他说，等一会厂领导出来送客户，我帮侬"撬撬边"。厂领导送了客户要回身进去的时候，发现了费钧德，阿姨就对领导介绍说，这是贫下中农派来的代表，要来学习。那年头实习也不简单，要有厂的上级单位批准，厂领导要他自己去找手工业局。但他怎么能够开得出手工业局的批条？他真是一路愚公移山，一次次感动上帝，同时也耍了一些小聪明，也"忽悠"了许多环节，终于建国螺丝厂接受了他们界龙的实习。当他们4个界龙青年农民穿上了蓝色的工作裤走进车间的时候，真是要用激动来形容自己的心情。

本领一天一天学到了，他的心思又活了，建国螺丝厂业务很忙，是不是可以介绍一点给他们村办小五金厂？有什么事可以让建国螺丝厂对他们界龙有更好的印象？正好在这个时候，建国螺丝厂要组织工人到上海郊区"野营拉练"，在选择拉练的目的地。听到这个消息是上午，费钧德即向厂领导要求拉练到他界龙村去，厂领导经他要求后说，现在有几家人家都希望我们拉练去，南汇县的也有，反正我们再研究一下。费钧德从厂领导办公室出来后，自己决定从丽园路局门路一路步行走回界龙，他要试一试这条路怎么走最合理，他要看一看这条路要走多长时间。虽然一直在做农活，但是毕竟是30多公里的路啊，走到界龙已经是晚上8点了，天墨墨黑了，两只脚底都走出泡来了。直接走到大队长周祥贤的家里，向他报告了这个情况，他很支持费钧德这样的举动，而且与他商量了一套较完整的接待方案，要他明天再去找厂领导汇报并要求他们一定拉练到界龙村来。第二天一清早，费钧德回到了建国螺丝厂，去见厂党支部书记，把界龙接待野营拉练的方案告诉他。书记听到他带去的接待方案，看到他那双满是血泡的脚走起来很吃力，感到他的诚心和细心。没多久，就决定通知他，并让他带路，从凌晨两点半出发，从建国螺丝厂野营拉练到了界龙，界龙贫下中农夹道欢迎，而且送上热茶热水，午餐后，召开了贫下中农忆苦思甜大会，又参观了界龙社会主义新农村，然后界龙村领导向厂方提出全方位支持他们村办小五金厂的要求，厂方领导当场拍板同意，工人阶级为贫下中农修好了坏机器，还把加工业务介绍给了他们的小五金厂。

界龙的第一笔业务，5天赚了35元，相当于卖500斤麦子的价钱。这对界龙这个穷地方来说，对于还在盛行"宁要社会主义的草，不要资本主义的苗"的社会环境来说，都是不得了的事情。当时有些思想单一的人认为他们这样是方向性错误，就写信揭发。公社党委书记在大会上不点名地批评说某一个村走资本主义道路，还安排富农的子女办工厂。他们这一家还没有厂名的小五金厂被贴上了封条，关掉了。在各种压力之下，费钧德又回家种田了。当时他心里有点想不通，幸好他的母亲开导他，她说："不要想不通，只要为大家好的事情，终有一天大家会明白的。"

但是穷和吃不饱是摆在每个农民面前的现实，所以到了第二年，新任党支部书记到位后，他们的小五金厂又悄悄地开张了。那几年，一阵政治运动来，小五金就关，风头过去又开；春耕农忙来了就关，农闲就开。开开关关，他们自嘲为是"开关厂"。有许多地方的村办厂，就是因为开开关关伤了元气，后来一蹶不振。而费钧德一直在想，我们界龙人多田少，每个劳动力才1.7亩田都不到，而且每亩田的收成最好才100元，一年的收入平均100多元钱。

另外，界龙人种田的收成还不够界龙人吃，只有坚持办厂，才是出路。尽管小五金厂开了关关了开，他的决心没有改变过，他的热情没有减退过，他的业务也没有荒废过。人家说他"耿"，他就"耿"到底。就是在这么困难的条件下，费钧德还是走出了一条勇敢者的道路，为之后创建印刷厂，打好了厚实的基础。

印刷组：目标不只在乡镇，而是屹立在东方

1973年，是费钧德一生中极其重要的一年，他完成了两件大事情。他的儿子出生了，为了表明我们乡镇企业要屹立在世界东方的理想，他给儿子取名为"屹立"；还有一件事情，那就是费钧德他们筹建了印刷厂，没有它，就没有现在的界龙。

历经几年开开关关的小五金厂，逐渐显露出了发展空间的狭小，已经跟不上他们发展的思路和生活的需要。那一年春节，村里开了一个外出工人回乡座谈会，统计外出工人工种的时候，发现有12个人在印刷厂工作。他觉得这其中包含了两个重要信息：第一个信息，印刷是一个比较热门的行业；第二个信息，既然他们村里12个人在印刷厂工作，而且还分布在流水作业的各个位置，他们自己何不就开一家印刷厂？

费钧德就向领导提议开一家印刷厂，领导觉得他分析得有道理，要他负责筹备。于是就打报告给川沙县工业局。报告打上去之后，他才知道，印刷厂是特别难批准的，因为涉及了印刷宣传，涉及了当时阶级斗争的复杂性，同时还需要公安局和文化局的批准。几个月后，报告被批准了。让他哭笑不得的是厂名，他们想成立一家界龙印刷社，被批准使用的厂名是"上海市川沙县黄楼人民公社界龙大队印刷组"。当然实际上，它就是一家村办印刷厂。

费钧德在这个印刷组的职务，和在小五金厂一样，是业务员兼管理员，没有厂长，副业大队长就是印刷组的领导。因为村办厂最重要的角色和工作就是业务员和管理员，支部书记和副业大队长就把大大小小的事情都交给了

他负责。办小五金厂已经5年了,领导对他比较赏识也比较放心,对他的要求和期待也比较高。他也是对领导发了誓的,一定会把这一个印刷厂办好。

一个以"组"作为规模级别的印刷厂可以在外面接到什么业务?其实在买机器的时候,费钧德就深深感受到一个印刷组的寸步难行。按照规定,印刷机械厂是不可以向他们这样的印刷组供应印刷机的。只能用印刷厂换下来的旧印刷机。他也终于通过一个老乡的介绍找到了渠道,物色到了两台脚踏圆盘印刷机,其中的一台现在陈列在他们界龙印刷博物馆里。脚踏印刷机看到了,不等于就可以马上买回来,又经历了十多个图章的批文,最后花了700元买了回来,再加上添置一些辅助的设备,村里一共投资了1000元。1973年10月,印刷厂正式开业了。选择在10月开业是有道理的,10月份田里的农活少,可以定定心心做一个冬天了。

一边在等十多个图章的批文,费钧德一边已经在找印刷业务。要是等到脚踏机买回来再去找业务就是一个冬天浪费掉了。印刷厂的第一笔业务,是为"六六六农药"印包装袋,每印一个包装袋使用说明的加工费是1厘,算下来一台圆盘机一天可以赚10元,两台机器就是20元。这是印刷厂的第一桶金。

20元一天的利润在当时是什么概念?种田人总是喜欢将农作物来做比较,这才是看得见的,有说服力的。20元相当于4担麦,也就是400斤麦子。4担麦从播种到收割,要经历近半年时间的日日夜夜,到收成时正好黄梅天还要看天吃饭,现在两台脚踏机就用了一天的辰光。这真是太有说服力了。

现在回想起来,界龙选择的就是包装印刷,就是他们界龙今天的主打业务。

印刷厂钱是好赚了,但是它还需要延伸配套,不是两台脚踏机就可以对付了,还需要有自己的切纸机。当切纸机终于求爷爷告奶奶地买回来之后,又觉得两台脚踏机的生产能力不够了,当新的印刷机费了多方周折终于买回来后,又对印刷业务的量提出了高要求。新规模新要求不断地相互对应产生,还要千方百计地节约人力物力成本。创建初期有一次接到了一笔业务,是印刷厂的第二笔业务,要求有画稿,界龙先去专业单位,但是他们对这种小生意都要拖很长时间，来不及，费钧德只好自己动手，三天关在房间里，虽然只有三五十个美术字，他用鸭嘴笔一笔一笔画了下来。印刷厂就是在这样的条件下一笔生意一笔生意地做了下来。1978年，他们花了3个月的时间，终于实现了第一笔外销生意，为上海服装进出口公司设计、加工、印刷手帕包装，为该公司增值创汇22万美元。

增值创汇22万美元的时候，他们界龙这家村办小厂的先进事迹被上报到中国外贸部包装局。包装局的领导实地考察后，内部通报表扬了上海服装进出口公司改进手帕包装，为国家增值创汇22万美元的事迹，他们这个小厂的名声在全国外贸领域传开了。

那一家卖给界龙两台脚踏印刷机的是国有印刷厂，但是谁会想到他们这么一个村办的印刷组后来的规模业绩会远远超越它们？当年费钧德给儿子取名的时候，确实想过要让乡镇企业屹立在世界的东方，但是那时候仅仅是一个美好的梦想，谁会想到几十年之后，他们界龙印刷制作的大型画册《锦绣文章》有幸成为胡锦涛主席出访的国礼，并且获得首届中国出版政府奖印刷复制奖。还有他们为诺基亚手机公司印制手机包装盒，由于产品质量服务好，2002年11月，受到芬兰前总统塔里娅·哈洛宁和诺基亚企业总裁的接见，但是如果没有当年的雄心壮志，就不会实现当初的梦想。

梦想和新梦想：界龙人的生活，还有世界500强

熟悉费钧德的人都知道他从小就有吹笛子和拉二胡的爱好。他有一根笛子，当年还是花了很多积蓄从城隍庙买来的，可以定调音准，算是专业级笛子。几十年来，他闲下来的时候，总是要把玩一下。不同的年代，它们发出了他不同的心声。青年时代，因为家庭出身不好而不能读高中，郁闷的时候，笛声和二胡声，就像是在发泄自己的愤懑；后来创业办厂时，笛声和二胡声像是在鞭策他激励他；到了现在，坐下来吹一曲拉一段，依旧是在寄托他的梦想。

改革开放之后，原有的约束没有了，有的就是一个平台，是真正的海阔

凭鱼跃，天高任鸟飞。不管是费钧德个人还是界龙，都踏进了一个飞跃发展的空间。1984年，他担任了彩印厂的厂长，这时候界龙已经不需要为了一个厂名打申请报告了。1986年，费钧德入了党，这对于一个"成分高"的人来说，以前简直就是不能想象的事情。1987年，他担任了界龙村的党支部书记，这一个职务虽然每三年换届一次，但每次都选举他担任书记，至今仍是，已28年了。1998年界龙党支部升级为党委之后，费钧德依旧担任书记。所以村和企业的主要责任一肩挑，担任支部书记第一年，就统管企业和一个村，工业农业副业一肩挑。

在他责任越来越大的时候，他所遇到的时代也是越来越鼓舞人心。如果说十一届三中全会确定的改革开放政策，让界龙从此飞速发展，那么1990年的浦东开发开放，就像是火箭的助推器，将他们界龙送到了太空遨游，让界龙在世界的大舞台展现自己的实力。

1994年2月24日，界龙实业在上海证交所挂牌，赢得"中国乡村第一股"美誉；1993年，界龙已经进入房产事业，2001年，费钧德个人获得"毕昇奖"，这是目前中国印刷界最高奖；2009年，界龙集团名列中国印刷百强第6位；2009年，虽然遭受了全球金融风波，但是界龙集团很快走出谷底，全年销售达到22亿元，其中印刷包装12亿元，房产10亿元，上缴税收1.56亿元。界龙下一个梦想，就是中国五百强乃至世界五百强。

2009年5月，费钧德辞去了界龙实业的董事长职务，由他的儿子费屹立接任，他仍旧担任界龙集团的董事长。费屹立确实具有领导的能力；第二个儿子费屹豪出生在1979年，那一年他第一次当选为川沙县先进个人，界龙被评为先进企业，取名屹豪，既有为国家自豪的意思，也有为自己自豪的想法。屹豪在澳洲学习了多年，双学位毕业后又在澳洲国立银行工作了3年。9月他回国结了婚，又回到界龙集团参加管理工作。

2001年界龙改制了。改制是一项利国利民利经营者的大工程，结合国家改革开放的大政方针，2001年9月6日，界龙村民代表大会表决通过了界龙改制方案。从此，界龙集团的40多位经营者持股，从以前的界龙村人人有份，到现在的经营者持股，使企业更加有活力，在印刷包装、房地产、食品等诸多行业，都有界龙的影响力。

界龙人的生活，当然也是费钧德作为村党委书记的重要工作，他不忘当初的承诺，要为哺育他成长的乡亲们给予实实在在的感恩回报。这也是为人民服务的具体体现，他要做一个界龙人精神文明、物质文明共富的带头人。为了持续增加村民的收入和福利，界龙对退休工人和退休农民除了正常的退休金1000多元之外，目前50岁退休的工人补贴500元，到60岁补贴600元，70岁补贴700元，80岁补贴800元，90岁补贴900元，95岁补贴1200元，100岁以上的老人最高补贴额达到2000元左右，这对于一个界龙人来说当然是一件颐养天年的大好事情。另外，他们还将当年收入的资金按农龄和60岁以上人的户口给予分利。在精神上，他们还是坚持以培训、教育创办职工培训班，并请上海市出版专科学校的老师每周来企业为职工培训两至三次，提高印刷专业业务水平。在村里创建了文化活动中心，也开设兴趣班，对村民在健身、家庭、环境卫生等各方面进行培训，综合性地提高村民和职工的文明素质。由于界龙在企业的发展过程中界龙村的1000多个劳动力全部进了村办企业就业，村企关系密切。另外，界龙在不断提高村民职工收入和福利水平的同时，坚持以文化培育为抓手，创造性地开展了《劝民歌》、家训词、现代生活指导、十星级家庭评比，征集《界龙新三字经》等形式多样的活动，不断丰富村民精神文化生活，有效推动员工的职业道德教育，取得良好效果。界龙村家家户户都有家训词，费钧德家的家训词是这样的：凡我子女，谨守家训；克勤克俭，以史为鉴；志在天涯，学无止境；尊老爱幼，修身养性；遵纪守法，一介平民；一旦为官，清正廉明；报国为家，吾日三省。

界龙集团从村办小厂到现代大型企业的成就，是费钧德个人和集团广大员工团结一致努力奋斗的结果，更是因为我们碰到了党的改革开放政策的机遇，也离不开乡亲们的、社会的理解和支持，感恩和回报社会，是他当初的承诺，也是界龙人的共识。因此，关心社会慈善事业，成为他们界龙人的责任。四川地震后，界龙集团和员工累计捐款超过150万元；2009年，向上海市慈善基金会，上海市老年基金会捐资捐物达616万元。另外，集团还向云南受灾地区捐赠价值80万元的物资；向青海玉树地震灾区捐款50万元；向扬州市慈善总会捐赠人民币200万元；捐款60万元助建贵州两所希望小学；向中国志愿服务基金会捐赠30万元，用于浦东新区开展关爱农民工志愿服务活动；捐赠1000万元用于"小普陀寺"重建工程……

砥砺奋进追求新梦想

自从费钧德2009年将"界龙实业"董事长一职交给儿子费屹立，此后一年留学归来的二儿子费屹豪又加盟界龙以后，已过去五六年，有人问他：如果给他们这几年的表现打分，你会打几分？他欣慰地回答："80分。"如果2015年产值翻一番，就可以打100分。因为他们赶上了好时代，知识结构新，工作能力强。但是他们没有经过艰苦创业阶段的磨炼，费钧德告诫他们：作为经营者，一定要坚持为公司的发展着想，不能随意改变既定的发展路径，这是基本原则。但也要考虑企业随着时代的发展，不断地创新，转型发展。他还跟他们讲，他之所以能坚持到今天，正是怀着对这份事业的满腔热忱和忠诚，兑现对乡亲们的承诺。

近年来，界龙印刷品在国内外行业评比中、大赛中连获桂冠，连续获得全球印刷界最高奖——第58届、59届美国印刷大奖赛金奖。界龙印刷的《锦绣文章》获得首届中国出版政府奖印刷复制类大奖。"界龙"也先后被评为上海市名牌产品，上海市著名商标，中国驰名商标。2012年，界龙被国家新闻出版总署评为"首批国家印刷复制示范企业""首批中国印刷行业企业信用等级AAA级""国家文化出口重点企业"。费钧德个人也先后获得中国印刷界最高奖——毕昇奖、上海市劳动模范、全国农业劳动模范、全国优秀乡镇企业家、全国优秀包装企业家、中国包装业十大杰出人物、全国优秀乡镇企业家杰出成就奖、中国最受尊敬的民营企业家终身成就奖、上海市人大代表、浦东新区政协委员等20多项荣誉称号，荣登上海市《光荣和力量》十大新闻人物。

从 1968 年费钧德 23 岁开始筹办村小五金厂、1973 年创办村印刷组起步，到 2015 年上海界龙集团发展成为中国印刷百强企业第七名，他在界龙这块土地上至今已打拼了 48 个年头，为了当初对乡亲们的承诺，顶住压力坚持道德底线，抓住联营、上市、改制这三大契机，发扬界龙精神，创立界龙品牌，推动转型升级，坚韧不拔带领乡亲走小康富裕之路，付出了毕生精力。界龙也从此由一个普普通通的穷乡僻壤行政村，发展为中国农村第一家的上市公司——界龙实业。2001 年村党委荣获中组部命名的全国先进基层党组织，2009 年获得全国文明村镇的称号。村级经济不断壮大，村民收入逐年提高。截至 2015 年，界龙集团实现产值达 30 亿元，税收 3 亿元，村民人均年收入从 1968 年的 150 元提高到 2017 年的 30000 元，实现华丽转身进入小康社会。费钧德也从一个村五金厂谋划者和创办人，成为了拥有资产规模达 50 多亿元的中国著名包装印刷投资集团的功勋人物。

新的梦想，新的起点正在绘就。为打造界龙百年辉煌，他将适应新常态，优化发展战略，谋划界龙集团新一轮发展蓝图，培养和造就一大批"胸怀大志、勤政务实、敢于担当、善于管理、清正廉洁的梯队结构新型人才。2013 年费钧德担任上海市乡镇企业协会会长，去年他又担任上海包装技术协会会长一职，这不是荣誉是担当是责任，使他站在更高平台，为行业服务，对产业发展负责，也是他对协会会员的承诺。

天道酬勤，任重道远，他深感责任重大，为促进乡镇企业、包装行业的共同发展，为尽快实现两个百年目标和中华民族的伟大复兴的中国梦做出新的贡献。

作　　者：庄岳峰
创作格言：当好新时代的记录员，讴歌追梦人。

一心为村民谋福利的领军人物

——记引领"界龙"腾飞的"黄金搭档"费钧德、费全标同志

"界龙"，这个响亮的名词，是以一个村庄的名称和作为一个庞大的工业企业集团的冠名并存于世，蜚声中外。

"界龙村"作为中国一个普通传统的农业小乡村，由贫变富、从弱变强的发展历程，成为富裕的"全国文明村镇"。"界龙企业集团"从一个村办小工厂起步，逐渐发展壮大，跻身为"中国印刷综合百强企业第六位"，成为一个拥有50多亿资产的著名民营印刷企业。

这一令世人瞩目的成就，来之不易。界龙村和界龙企业能够取得如此辉煌的业绩，是在党的领导下，艰苦创业、砥砺前行，以一步一个脚印、锲而

不舍、不断开拓创新的精神，努力拼搏所取得的改革成果。界龙村 50 多年来翻天覆地的巨大变化，被誉为"上海现代化建设的缩影"和"中国改革开放的象征"。

界龙村能够取得如此的成就，一是取决于全体村民、干部穷则思变、艰辛拼搏的顽强精神；二是得益于改革开放政策的无限动力，在向往美好的道路上奋斗出来的。

在这一发展过程中，人的思想因素发挥着动能性的主导地位，其中带领群众不断进取前行的"领头羊"，是成功的关键所在。

费钧德——一位敢吃"螃蟹"的开拓者

界龙村，地处东海之滨，位于上海浦东川沙镇老城厢西南隅。是一个总面积约 2.6 平方公里的自然村落。一千多年前，这里还是茫茫大海一片，在长江东下的泥土冲积下，逐渐扩展成为了滩涂陆地。

"界龙"的名称，据传在明朝洪武年间，当朝宰相刘伯温路经浦东巡察，发现一处农地风水甚好，整块地形像龙，有龙头、龙尾、龙爪，曲曲弯弯，形似一条鲜活的蛟龙，环视四周龙气若隐若现。如此"龙气"升腾之象，恐有一条真的龙出来与大明皇帝争治天下，便令军士在"龙颈"处地块上建造一座"假龙庙"，以镇龙气发展。日后在乡民的传诵中，因浦东话发音"假"与"界"相谐而写成了"界龙"，界龙村的村名便由此而来。

但是，村庄名称的变动，并不等于贫瘠的土地和在这片土地上的农民的命运会得到改变。1946年出生于浦东川沙县界龙村的费钧德不无感慨地说：生活在界龙村的祖辈总是过着穷得叮当响的生活。传统的种田方式加上生产资料的短缺，农田收成不好，农民根本无法摆脱"脸朝黄土背朝天，半年粗粮半年饥"的贫困生活。

新中国成立后，农民生产积极性日益高涨，农业产量有所提高。但由于我国人口众多，全国粮食消费与供应之间的矛盾仍趋紧张。记得1956年的一天，因家里揭不开锅，放学回家见父母都在抹眼泪，费钧德哭着哭着就睡着了。

后来父母实在没办法，偷偷割了些田里尚不完全成熟的稻子，被大队干部知道了。由于生活的严酷现实，干部也睁一眼闭一只眼，过去了。

1953年，国家为了在农产品匮乏时，能够保证人人得到基本的口粮，实行了粮食统购统销政策。1958年国家提出农业"以粮为纲"，全面开展"大跃进"和人民公社化运动。之后，就进入了粮食、副食品最为紧张的三年。

在"三年自然灾害"期间的1961年，有一天父亲严重腹痛，被送去卫生院急诊，经诊断是患了肠梗阻。这是他为了把口粮留给子女，自己为了填饱肚子而吃了很长一段时间的菜根所致。送浦东中心医院开刀后，由于已肠子穿孔并发肺炎去世了。年仅49岁。

读了几年书的费钧德怎么也想不通。当时在报纸上读到，夏粮和早稻大丰收。粮食亩产达到了一万斤、两万斤，最高达到了四万斤！但我们村怎么了？全村2500多人，其中1100个劳动力耕作1800亩土地，收成总是不好。麦子每亩产量才100公斤，稻子产量只有250公斤，全年人均收入才25元钱。全年预支结算下来还成了"透支户"。而且那时的副食品、肉食品少，油水少。读初中时，一顿饭吃五两，感觉还没吃饱。

农村人民公社化时，人人参加集体生产，在食堂吃大锅饭。有一次他弟弟到食堂里拿了饭回家吃，由于他人小不懂事，觉得自己饿了，就先吃掉了一半多。而家里其他人还没有吃哩，少不了一顿挨骂。为此，母亲流着泪的情景，多少年后还在他的脑子里旋转。

中国农民的出路在那里？年龄不到20岁的小农民想到这个问题，总会想起读初中时，地理老师用"三山、六水、一分地"来形容我们国家的土地面积作比喻。老师说，这10%的土地面积，还不完全是可耕地。要以这不到十分之一的土地上种出的粮食，来养活几亿人，实在是太难了。所以必须改变传统耕种方式，增加耕作物的产量，并把农村多余的劳动力向工业适当转移，才能缓解粮食危机。

已成"小知识分子"的费钧德记住了这些话，并悄悄地说给大队干部听。他们听了认为，要改变农村经济落后，生活贫困的状况，这个道理是对的。

但说归说，道理归道理，自己有啥办法实现呢。直至1967年中后期，有一些消息不断在私下里传来。听说江苏一带，有人在偷偷地办小作坊、小工厂。周边的村里也在酝酿开办非农企业。时年23岁的费钧德在年轻躁动的心里，萌发了改变贫困的欲望。那年的一天，费钧德和村里的几名干部去到当时的大队长周祥贤家中，讨论由村里办一家集体的小工厂的设想。大家表示这个办法好。然而，虽然有了办厂的欲望，但对办一个什么样的厂，大家心里还没个底。经过大家反复考虑，一致认为必须有一个人先去摸索市场行情，选择一个比较恰当的项目来做。

然后，村里决定并委派头脑灵活，又能吃苦耐劳的费钧德去完成这个任务。费钧德凭着年轻气盛、初生牛犊不怕虎的劲头，接下了这个差事。心想，既然大家相信我，我一定要落实好这桩事情，决不能让村干部们失望。他由此担着"钦差大臣"的使命，怀着"侦察兵"的心态踏上了"市场调查"的艰难历程。在往返黄浦江两岸，找门路的过程中，总是多走路、少乘车，苦与累的滋味考验着他的意志。在市区不断转悠的他，总是往人多的地方钻，探问各种产品的生产情况。有时当天不能回家，就找个出差人借宿多的旅馆，住进有上下铺位的通铺房间。夜间和南来北往的供销业务人员"聊天"。在这种卧底式的"聊天"中，真是"皇天不负有心人"。一天晚上，有个旅客告诉他"办一家小五金厂最方便。买一台加工零部件的台式仪表车床，只须几百元钱。这种台式的小车床不但投资少，而且加工件的品种多。有时还可以去接大工厂不愿意做的小生意。比如一些仪表上用的非标准螺丝螺帽等……"

这个信息使他兴奋不已。第二天一大早立即赶回村里汇报。大家都觉得这个主意好。1968年村里投资600元钱，买来了两台小车床。但没想到"砻糠搓绳起头难"，在操作技术上被卡住了喉咙。这下，费钧德又动起了脑筋，找地方学技术去！

说来也巧，在谈起专项议题时，得知自己大哥在市区家里的对面，卢湾区丽园路上，正好有一家叫"建国螺丝厂"的厂家，是专门生产金属螺丝螺帽的大型工厂。为了进入这家工厂学习，费钧德又动起了脑筋。不认识厂里的人，怎么能进得了大门？就算进了大门，得不到领导的同意，怎能"学生意"？这个问题犹如一堵高墙挡在他的面前。

"我想找厂长谈点事情"！就以这个理由，他天天去门卫室，在那里磨了三天，和门卫室阿姨扯家常、套近乎，讲自己村里的贫下中农，对工人老大哥有多么的羡慕、多么的尊敬……几天下来终于感动了这位阿姨。她答应帮助他，当见到厂领导出来送客时，这位阿姨像介绍自己乡下的亲戚似的，向厂长述说了他的情况和学习的愿望。然而领导说：这事需要上级批的。费钧德问领导："上级是谁"？领导说：卢湾区手工业局。有了这个"底"，他心里就有了数，有了方向。经过村里盖了大红章的介绍信，一次次地去市区办了许多手续，终于得到了厂方同意，由村里派了费钧德、周国弟等四个小青年进厂学习操作技术。

当他们穿上胸口印有"建国螺丝厂"字样的蓝色工作衣时，觉得这是对村里办厂能够取得成功，踏出了第一步。兴奋之情，终身难忘。

费钧德在兴奋之余，又思考上了一个攻坚克难的问题：学到了生产技术后，生产任务哪里来？如果能以认识了的这家工厂，"近水楼台先得月"，与这家"建国螺丝厂"挂上业务关系，或叫他们介绍一些加工任务给村办小厂做，那就有活路了。再说，虽然四个小伙子学习了半年技术，但真要接到业务、如何开模具、如何加工设计还有一定难度。再说，现有的小仪表车根本不够，还需厂方支持一些有关的加工设备。但是，要能拉上这层关系，凭什么？难啊！

在一天的下午，又一个信息传到了费钧德的耳朵里：这家厂要组织职工到郊区开展"野营拉练"，正在选择拉练的目的地。这个信息犹如一道闪电，瞬间照亮了他拉近和这家工厂距离的思路。费钧德认为这是一个融洽关系，千载难逢的好机会。他便立即找到厂领导表示，希望能把野营拉练的队伍，拉到自己的界龙村去。领导说：可以考虑考虑。

大队长周祥贤清楚记得：那天夜里8点多钟光景，费钧德突然来到他家。他当天是从市区特地走路回界龙村的。"几十里地走得脚上都有了血泡"。

原来，费钧德从市区出发，走30多公里地回村里来的目的，是要摸清拉练的路线怎么走和走完全程需要多长时间，以掌握这第一手资料、情报，回去向市区的厂家"投标"。他认为这是一次争取业务和得到全面支持的好机会。

老队长听了很感动，便一起商量了接待野营拉练的方案，并着手做好一系列准备工作。通过这次活动，使市区厂家对界龙村的贫下中农，建立起了阶级感情。

界龙村在上海建国螺丝厂的帮助下，转接了一批加工业务和车床等设备。村办小五金厂以"农机修配站"的名义正式起步，成为界龙历史上创办工业的开端。

这年的第一笔业务，五天就挣了35元，也就是500斤麦子的价值。

次年，在加工螺丝的生产业务中，以每只加工费一分计算，每天可挣160多元。年产值5万多元，利润2万多元，使村民初步尝到了无工不富的甜头，看到了脱贫的希望。然而好景不长，这一丝翻身致富的"希望"，在"宁要社会主义的草，不要资本主义的苗"的1969年，被人民公社当作"资本主义的尾巴"给割掉了。村领导因此受到批评，小厂被迫关门，贴上了封条。但是村民们对于办厂的兴趣和愿望，如韭菜一样有了韧性，割了再生、再割再生。大家等公社来的人一走，又开工了。听风声紧了再关门。就这样，小厂开开、关关，被村民们戏称为"开关厂"。到1972年时，村里又新上任一位新的年轻书记庄顺其，这位书记和大队长又大着胆子，找费钧德谈话，意思仍要发展村里的五金厂，并再办个市场大一点的企业，所以费钧德建议村领导利用春节期间组织一次从市区回乡探亲的工人，到村里开座谈会，集思广益、图谋前景。就在这次春节座谈会上，发现二三十个人中有12名是印刷企业的工人和干部。而且这些工人都在各种不同的岗位上操作，基本覆盖了整个印刷的业务、技术和生产的各个岗位。

费钧德"心有灵犀一点通"，觉得这又是一个发展经济的好机会。当时了解到社会上都是国有印刷企业，而且基本每个县只有一个印刷厂，我们村要印写报告纸、发票之类的印刷品，也要两个月才能拿到货。因为社会生活中对印刷品需求量大，前景广阔。经与村领导沟通，商量决定开个印刷厂。可是，要做印刷行当，又是费尽周折。就申请创办小印刷组，向川沙县工业局申请了半年多，总算得到批准。为买机器，费钧德跑了上海的五家印刷机械厂，但是连门都进不去，被门卫赶出来。他们说："你们农村的人怎么能买？印刷机是部配的。"他问："部"在哪里？回答："北京！"这下头晕了，费钧德琢磨来琢磨去，想到了去找在上海人民印刷厂的老乡商量。通过这层关系，买到了两台要被淘汰的机器：脚踏圆盘印刷机，总共花了1000元钱，还耗了几个月，盖了十几个图章。从1973年10月份，由印制最简单的产品开始：装糖炒栗子的纸袋、"六六六"农药包装袋、食堂饭菜票和布商标等，效益还可以。但到了1975年，不成文的规定又下来了：允许农民办厂，但不许与大工厂争原料、争能源、争市场……怎么办？界龙的方向在哪里？真的是白米饭好吃，田难种啊！为此，费钧德又得"进城"调研，经老乡指点，结识了在市区一家进出口公司专跑手帕出口任务的王贤坊先生。他的出现，给界龙小厂带来了意想不到的生机。

上海生产的手帕很漂亮，质量一流，但在包装上跟不上。十几块手帕捂在一只纸盒里，售价上不去。王先生说，最好能够制作透明的包装盒，使手帕的色泽、造型一目了然，才能吸引国外顾客的消费，扩展市场份额。但目前尚没有一家印刷企业能提供相应的包装盒。为了争取加工制作的机会，费钧德同几个年轻人一起动脑筋，反复试验，用了三个月时间，终于设计出了用PVC材料做成的包装盒样品。但盒子已生产出来了，根据王先生的要求，同时也是国外客户的要求，按手帕一条装、二条装、三条装、六条装的要求装在盒子里。当时，手帕厂都是国营纺织厂，他们不愿意为外贸出口这样的要求服务，为此，费钧德也毫不推诿地答应王先生，由我们界龙来熨烫、包装手帕，因此又成立了一个手帕加工组，而且根据王先生要求小盒装好、装进中盒、又装进大木箱，并直接送码头托运。为此，外贸公司非常高兴，然后又经出口公司的王先生的指点，逐步加以改进完善，取得了首批制作任务。已经担任界龙彩印厂厂长的费钧德在圆满完成外贸任务后得知，就这一笔业务，使出口公司增收多创汇了22万美元。原来出口一打12条手帕3元美金，现在三条手帕装一个盒子也卖给外国人3元美金，所以就一批多赚了22万美元。为此外贸部还派了一批人来到界龙"视察"。在对产品质量予以赞扬的同时，还总结为界龙小厂为外贸出口产品"一体化服务"值得推广和学习！与厂里的工人们合影留念。这样的情景对年轻的费钧德来说，无疑是一次有力的推动和激励。

1978年，举世瞩目的十一届三中全会召开了。改革开放的春风吹开了国门，更使费钧德的心里萌发了一个雄心勃勃的想法：要争取生产任务来源，必须开拓创新，满足市场需求，要做出人家做不到的产品来！

但在上世纪80年代初期，上海乡镇企业的竞争日趋激烈，仅浦东川沙地区就有100多家印刷厂。而产品质量的关键，具备先进的技术设备是首要条件。

为了进一步达到上海22家外贸出口产品包装质量的需要，考虑一定要引进世界一流的多色联印的印刷设备。1984年，费钧德把眼光投向了世界领先的德国"海德堡"胶印机，但购置设备需要100多万美金。而且在那时，不是有钱就能够买到的，进口是需要有外汇额度的。这个制约条件确实又是一个使人胸闷的关口。

乡镇企业如何争取？这个难题等于是一只凶相的"蟹"，横在面前，无法拿捏。欲尝到它的美味，必须具备敢于吃蟹的勇气。自此之后的几年中，费钧德与村委商议，决定调整经营目标和经营策略，以包装印刷为主业，专攻外贸加工业务，引进国外先进技术设备，进行技术改造，扩建新厂房，招聘技术专业人才，以此来谋取界龙的更大发展。

1984年，首次投资60万元引进德国海德堡单色4开胶印机和日本的压光机。设备的更新、技术的改进、经济效益立竿见影。

1985年，界龙彩印厂产值达到512万元，利润108万元。产值和利润比上年度翻了一番多。

1987年8月，界龙村党总支部成立。同年10月，费钧德担任界龙村党总支部书记。常言道："党的路线决定之后，干部是决定因素。"费钧德与界龙村村委会主任费全标密切配合，党、政岗位的两个"一把手"形成合力，调动村党支部、村委会两套班子成员的积极性，充分发动群众，勇于开拓、敢于担当风险责任，争取将集体经济再上台阶。经费钧德建议，村委同意界龙村采取横向合作的方式，经由外贸公司的老友指点，找到中国包装进出口总公司，谈国集联营，联营后由他们向机械部申请高档设备的引进、外汇额度由中国包装进出口总公司负责。代价是奉送250万元资产的40%给公司，也就是100万元资产，其中的20%给上海分公司。1988年，三方联营的"上海外贸界龙彩印厂"成立。经村民、职工选举，一致推举费钧德担任厂长职务。

在村办企业经济实力不断壮大的前提下，为安排农民就业，增强集体资产，由"界龙彩印"作为龙头，带动了其他工业产品的发展。在这期间，界龙村增建界龙装订厂、界龙垫子厂、界龙金属制品厂、界龙电信仪表厂、界龙仪表元件厂及界龙仓储、上海界龙现代印刷纸品有限公司（中外合资）。1992年与日本合资建立了"上海龙樱彩色制版有限公司"，又与中国印刷研究所合资，成立了"上海界龙印刷器材有限公司"，股票上市后，又创立了"上海永发包装印刷有限公司""上海界龙浦东彩印有限公司""上海界龙艺术印刷有限公司"。在此同时，界龙村努力搞好农、副、工三业协调发展，以工促农，以农促副。在发展工业的同时建设副食品生产基地。村集体创办了万羽蛋鸡、百头母猪、千头肉猪规模型的综合饲养场、百亩养鱼塘。在农业上加强对承包户的技术指导，使界龙村的农业生产年年丰收。

1993年，界龙村在经济实力不断发展壮大的形势下，实行资产重组。同年12月28日，经上级批准正式改制成立"上海界龙实业股份有限公司"。至此，界龙企业已经成为拥有50多亿资产的现代化集团企业。

1994年2月24日，界龙实业在上海证交所正式挂牌，成为跨国上市集团。赢得"中国乡村第一股"的美誉。

1997年3月，界龙村村党委成立，费钧德任党委书记。

2001年9月，"界龙实业"依照国家改革开放的大政方针，实施体制改革，从以前的村民人人有份，改为持股经营，使企业更具活力，减少村民相应风险。

这是一项利国利民、落实经营责任的大工程。

费钧德自1987年10月担任界龙村党总支书记起至2009年5月辞去界龙实业股份有限公司董事长止，他在界龙村党的领导岗位上不忘初心，艰苦奋斗，为村民的利益勤奋工作了30多个年头。在与村党委、村委会班子的领导一起，特别是在与村党委副书记、村委会主任费全标的紧密配合下，手牵手、齐步走，以艰辛创业、无私奉献的精神，使界龙村从当年开办的小小"开关厂"起步，逐步形成多元产业化经济发展，至今已成为拥有数码彩印、票据印刷、书刊印刷、各类彩色包装、纸塑模、复合包装、金属制品、外贸、物业管理、食品、餐饮、房地产、文创园区等26家控股集团企业。

界龙村的企业成就和先进技术，使其生产的印刷制品不但在国际大奖赛中屡屡获得金奖，并在外贸业务上取得了庞大的市场效应。在企业经济效益不断取得飞跃发展的同时，界龙村的面貌也发生了翻天覆地的变化。村民们在家庭经济收入、社会福利等各方面得到了今非昔比的改善。

界龙人一致认为，界龙村能够取得如此辉煌的成就，靠的是改革开放政策和浦东开发开放的春风，更是在"全国先进基层党组织"的掌舵人、党委书记费钧德的带领下，经过艰难曲折的奋斗历程，以敢于吃"蟹"的无私无畏、砥砺前行的创业精神，促成了界龙脱贫致富的美好成果。

费全标 —— 一个村民赞赏的好主任

费全标，男，1948年9月出生在原浦东川沙县的界龙村。是一个土生土长的"界龙"人。新中国成立初期，国家百废待兴。界龙村处于农耕社会的一个落后贫穷乡村。他的家里和其他村民家庭一样，经济生活十分困难。在缺衣少食的境况下，小小的费全标已经尝到了农村生活贫困的滋味。随着日月的增长，时间的推延，一天天长大的他渐渐懂得了农田操作的辛苦和生活的不易。在界龙村贫穷的生活环境中，养成了他从小吃苦耐劳、勤奋俭朴的良好品德。

费全标是随着界龙村发展成长起来的一代人。他热爱家乡，更加热爱新中国，热爱新社会。在 17 岁那年开始就参加了生产队的工作，以踏实肯干、甘于吃苦的精神，为改变家乡贫穷落后的面貌，追求美好生活成为了他毕生的理念。

他作为曾经在界龙村工作了几十年的老村长，回忆起界龙的发展史时，他这样说：1968 年，本村同为青年的费钧德向村里提出创办小五金厂的建议。当时的村领导周祥贤认为这是一个增加集体经济收入的好主意，便召集村干部一起商讨办法。经研究决定，由费钧德负责具体操作，由村里出资 500 元购买了两台小型台式仪表车床。指派费钧德、周国弟等四个小青年到上海市区学习操作技术。

费钧德比他大 3 岁。他年轻有为、有文化、头脑灵活，千方百计想办法与市区这个厂家拉上了关系，取得了加工业务，使村里办小工厂，发展经济踏出了第一步。

小五金厂办起来以后，对外只能称"农机具修配站"。在承接一些铜质仪表零件的加工中，第一笔业务在一天里挣了 35 元钱，这在当年的生活水平来说，已经是了不起的成绩了。在当时农村里一个男劳力一年收入才 100 元左右的情况下，能取得这样的加工收入，是一个可喜的成果。在当年，这种开小加工厂，上级是不允许的，不能搞农业以外的多种经营。办厂后不久就被人举报，被公社知道了。公社党委书记在大会上不点名地批评，说某个村办厂走资本主义道路。公社党委书记找村支书谈话，村支书只好"老实交待"，承认办了手加工的副业，同意关门。

在当年"宁要社会主义的草，不要资本主义的苗"的形势压力下，加工厂被关掉了。但是不搞小五金厂，经济来源没了，又如何脱贫呢？于是，风头一过小五金厂又开张了。一阵政治运动来了就关门，风头一过又开了。这样开开停停，村办小厂没有半途而废，为以后村的经济发展打下了基础。

界龙村真正取得经济持续发展的机遇，还是从办印刷业务开始的。1973 年，为把小工厂搞得更有起色，在这年的春节期间，村里召集市区回乡探亲的工人举行茶话会,就在这次聚会中,发现二三十个人中就有12位是从事印刷行业的,而且这些人都是印刷工序的专业人员,各工种岗位都有。在攀谈中,费钧德又发现了"新大陆",认为这个行当比起加工小五金前途更广阔。为此他提议村领导向这个方向发展,筹措印刷业务,再办个印刷厂。但是在当时的情况,村里既无设备,又无技术,一张白纸,难写一撇一捺。有了更能挣钱的想法,但无挣钱的本事,怎么办?不过"天无绝人之路",思路决定出路,首先要解决的是设备问题,由费钧德通过一位在上海人民印刷厂工作的老乡介绍,村里花700元钱买来了两台即将要淘汰的脚踏圆盘印刷机,又去联系了一些印制名片、纸袋、商标字样等业务。当时是不能称印刷厂的,只能以"上海市川沙县黄楼人民公社界龙大队印刷组"的名义开张了。当时接来的纸袋加工印字的业务,两台机器每天可赚20元,这在当时相当于400斤麦子的价值。对农村集体经济来说具有极大的吸引力。由于印刷制品的社会需求比较广泛,着意在开拓市场的基础上,促成了界龙村从两台圆盘小印刷机起步,直至发展成为全国印刷行业的先进集团企业,打下了基础。

界龙人都知道:费钧德最能让人信服和尊重的一点,就是他的思路敏捷。和具有不怕苦、不怕累、能吃苦的精神。在费全标和他共事的几十年中,他的勇于开拓、敢于承担风险的办事风格,推动了大家克服困难的工作热情。也由于界龙村的经济发展,有力地促进了由贫穷走向富裕的实现。特别是改革开放政策,浦东开发开放以后,费钧德作为村党委第一把手,带领党委一班人,依照党的全心全意为老百姓办实事的宗旨,想到的都是怎样为界龙村的群众办好事、谋福利。而村委会行政班子人员在工作中,充分认识到坚持党的领导是做好一切工作的有力保证。他感到自己作为村委会主任,村党委的副书记,更应该坚持党性原则,维护党的领导,切实当好党委书记的助手,团结一致搞好界龙村的工作。

回顾界龙村的发展历程和日新月异的村貌,确实是在村党委、村委会两套班子人员心往一处想,劲往一处使的努力下取得的成绩。

据老村长费全标介绍,自从界龙村开办小工厂开始,一路艰难曲折,奋发图强求发展的过程中,村属企业逐步有了经济效益的积累。依托这些集体的经济实力,为村民办实事和分享福利,就有了底气。费全标说,经过村党委、村委会讨论决定,由他负责主持为村民办的第一件事,是扩建村里的道路。上世纪80年代初期,全村仅有机耕路15条,总长11.2公里,其中钢碴路为8.6公里。在1987年到1988年上半年,由村里出资修建的第一条水泥路(界龙大道南段)修筑完成,并由此拉开了村域内道路升级改造、通达每家每户,路面宽幅为7米的延伸配套工程的序幕。至2009年底,村域内修筑水泥道路42.91公里,其中修筑村级道路8.45公里,村宅支路18.86公里,进户道路15.6公里。为10个村民小组修筑了停车场7000平方米。

2007年5月,在村委会积极争取下,公交川沙至黄楼界龙的定点班车"川沙一路"通车。2009年,以界龙村为起点站的通往川沙、迪士尼、地铁唐镇站的三条公交线路正式通车,极大地方便了界龙村村民的出行。2010年,界龙大道、界龙一路、界绿路的路面全部铺成沥青柏油路面,提升了道路级别。

另外在修建桥梁方面,20世纪60年代中期,村域内原有大小木桥16座、石桥8座。而90年代以后,由村里出资将原有的大小木桥和长短石桥全部按不同级别,改造成钢筋水泥桥梁。

据统计,至1997年底,界龙村域内拥有了3吨级农机桥梁25座,汽六级桥梁7座,汽15级桥梁9座,大大提高了村域内的交通能力。

在解决村民的供电、供水、燃料、通讯设备等问题上,尽力解决以前的落后面貌。1971年实现村民家庭户户亮灯。1993年前村域内民用电和农田灌溉等用电的总容量明显不足。村里着手付费增容,在原来总的电容量360千瓦、变压设施3台套的基础上,增至4550千瓦和变压设施20台套。1988年冬,界龙大道南段开始安装路灯13套,至2010年村域内道路共安装完成路灯342套。

在供水方面,改变以往村民用水取于天然河道、池塘、家备水缸、提水储备、明矾净水的状况。1988年3月,界龙村自办的自来水厂建成供水,使村民们的生活用水改为自来水。

村民们日常的燃料问题，逐步改变以往采用以稻、麦、棉、油菜等农作物的茎秆及少量的煤球、煤饼为燃料的历史。上世纪90年代起村民开始使用液化石油气、电化燃料。界龙村为村民提供用气补助，凡是购买一套液化气、罐，由村里补助600元。

1999年，村里出资近40万元，在村域内实现了有线电视网络，成为远近闻名的有线电视村。这些民生工程的实施，使界龙村的居住环境发生了前所未有的变化。界龙村并以实事为依托，进行了建设文明村的规划。从1995年9月起至2009年期间投资3600多万元，分四期工程建设了"界龙村文化体育中心"，总占地85亩区域内建成公园"界龙园"。园内设有灯光篮球场、露天舞厅及中西式凉亭三座。在建筑面积3600平方米房屋内，分别设置了多功能会议厅、宴会厅、图书馆、阅览室、健身房、体操房、电脑房、棋牌室、乒乓球室、谈心室、村民教室、法律咨询室等，彰显了农村城镇化建设的成果和文明村庄的良好氛围。

随着界龙村经济规模的不断发展和村集体企业的改制，村党委书记费钧德同志心系村民群众的利益，经与村委会充分协商，决定把当时村办企业向银行的贷款由民营企业负担，把原集体企业的应付款也由改制后的民营企业负担。他的这种为村民着想的博大胸怀，使界龙村改制后的第一年，就由民营企业应缴付村里资金3000多万元，使界龙村的集体经济和村民的福利有了厚实的基础和保障。在企业改制时，作为村委主任的费全标还提出：对于村里原有的水厂、公墓地等集体资产，应作为村经济收入的稳定基础给予保留，仍归村民集体所有。该提议经村党委、村委会两套班子人员研究讨论，在党委书记费钧德的支持下，得到圆满解决。

村党委和村委会在20多年前，就考虑为村民办福利保障待遇的计划，在企业改制后得以全面落实。2009年，在村党委书记费钧德同志的主持下，界龙村两委会通过决定，并经历次村民代表会议讨论通过，制定了"界龙村村民福利待遇实施细则"，其中包含了村民养老补贴的待遇标准，在4项条件同时满足的情况下，按照不同年龄层次，从50岁到99岁共七个档次，分别以每月500元至1700元的标准，发放相应的生活补贴。同时，凡享有界龙村村民养老补贴的村民，可以享受因病住院的医疗补贴，在医疗费用中，自负部分的80%，由村里支付。对村民住院医疗期间，实行发放慰问金的待遇：年满70岁以上的村民，每次住院慰问金300元，70岁以下的每次住院慰问金200元。以上措施由村老年协会及村民组长安排探望和发放。另外，对于享有养老补贴待遇的村民去世，由老年协会组织安排吊唁和发放对家属的慰问费2000元。

在对其他村民的福利待遇方面：对享有养老补贴的村民在春节、国庆节、重阳节期间发放节日慰问金。对父母中的一方户口属于界龙村原住村民的在校学生，分别以中专、高中、大专、本科、研究生以上的不同学历情况，发放助学补贴。凡符合条件的学生在毕业后，凭本人毕业证书，每年暑期到村里登记后，领取数额不等的补贴金额。

对于界龙村的原住村民，已办理正式退休手续的，可以享受每年一次的免费体检和一年一次的免费一日游。因故不能参加旅游的，给予相应的现金补贴。

对户口在界龙村的村民，由村委统一为每户家庭购买一份家庭财产保险保单。对家里安装有线电视的，居住在本村的村民，实行收视费补贴待遇。涉及动迁情况的家庭，划定一定期限内，户口在本村的自然户，收视补贴费的发放标准，视同未动迁家庭。

村党委、村委会重视对村民的人文关怀。对特殊群体，如高龄老年人、残疾人及发生灾祸致伤、致残而住院治疗的困难家庭，分别视不同情况给予经济补贴的待遇。

费全标老主任深有感触地说："一个村要改变落后贫穷的面貌，必须要有一个好的领导班子，同心聚力带领全体村民做出不断的努力，才能取得脱贫致富，过上美好的生活。"常言道："火车跑得快、全靠车头带"。1987年8月，界龙村党总支部成立。同年10月，费钧德同志任党总支书记。1997年3月，界龙村党委成立，费钧德同志任党委书记至2009年9月。在他担任党组织主要领导职务期间，以其对界龙村村民的深厚感情，始终把精力花

在如何积聚集体资金，改善村民生活上。而费全标从1987年8月担任村民委员会主任兼村党委副书记，在与费钧德同志共同工作的几十年时间里，始终坚持党性原则，团结互助，默契配合，全身心地为改变界龙村的面貌，在奔小康的艰难历程中努力着。

费全标认为，一个党员干部要以党的事业为重，以全心全意为人民服务的思想理念为指导，踏实工作，才能得到群众的支持。

在界龙村的创业、发展进程中，费全标一直在以费钧德为"班长"的党委领导下，认真当好费钧德的有力帮手，使界龙村的各项工作取得了顺利实施。正如镇领导表扬的那样，他们是工作中的"黄金搭档"，更是取得工作成绩的有力保证。

正由于村党委、村委会两个一把手的通力合作，使界龙村的全面发展有了坚实的基础。界龙村能够取得今日的辉煌，是在"全国先进基层党组织"的带领下，通过顽强拼搏，锐意创新，积极进取的努力所取得的成果。更是因为有着费钧德、费全标这样团结一致、艰辛创业的领军人物做出的无私奉献，他们的工作成就已成为界龙人的精神财富，恩泽后人。相信界龙这个"全国文明村镇"将会越来越美丽。

作　　者：陈志超

创作格言：采访、撰写费总裁先进经验，是学习的极好机会。

母慈父爱暖儿女

——上海界龙集团总裁费钧德访谈

引　子

在广袤的自然界，有了阳光的温暖，才有万事万物的蓬勃；在人类社会中，有了人性的光辉，社会才有今天的文明辉煌。同理，在国家的细胞，也就是每个家庭中，母慈父爱般的关怀关心，是儿女们茁壮成长的温暖，更是他们将来成才的根基。

本文的主人公费钧德，年逾古稀的上海界龙集团股份有限公司总裁，他在事业上，经过近半个世纪的搏击风浪，将一个村办五金小厂办成了世界印刷巨头。企业发展了，水涨船也高，在倡导共同富裕的道路上，界龙村的村民也都过上了现代化生活。

在建设好村民"大家庭"的同时，费总裁对小家庭生活的营造，精细得如绣娘绢绣那般。村民们说，他们是夫妻恩爱，相敬如宾，尊老爱幼，和睦温馨，羡煞了左邻右舍。特别是对两个爱子屹立与屹豪的教育培养，既有中国式教育的传承，又有国际视野下的超前，正因为如此，两个儿子都很优秀，双双成才。长子屹立现在是界龙实业集团董事长，幼子屹豪现在是界龙集团总裁助理、外贸界龙彩印有限公司总经理。年轻有为的哥俩，在各自的岗位上伸展着拳脚，带领全体员工干得风生水起，为世人瞩目。

肚皮里的知识别人抢不走

费钧德，1946年出生于当时的原江苏省川沙县黄楼乡，他的上面有一个姐姐，三个哥哥，下面还有个弟弟。当年的川沙还处在国民党统治下，年幼的他记不得什么。还在他牙牙学语的时候，1949年5月底人民解放军在解放大上海的同时，马不停蹄跨过黄浦江，解放了川沙县，他的家乡黄楼处处红旗招展，红歌嘹亮。在新中国实行第一个"五年计划"的第一年，也就是1953年，少年费钧德背着书包，憧憬着美好，跨进了小学的大门。费钧德的父母、祖父母虽然识字不多，却是稍通文墨，知书达理，闻名于乡间。祖辈上对"惟有读书高"看得很重，常常说家有万贯铜钿，人家要眼红的，肚皮里有了知识，别人想抢也抢不走。

少年费钧德遵循"肚皮里有了知识不会被人抢走"的祖训，奋发读书，小学六年，成了品德兼优的好少年，奖状奖品无数。1959年以优异成绩考取了家乡名校川沙县中学，在中学里也是个一如既往的好学生。他向往着初中毕业后进高中读书，将来进大学深造，家长也寄予厚望。但事与愿违，处在"以阶级斗争为纲"的年代，中央教育部门有明文规定，家庭成分高的不能报考高中。恰恰费钧德的父亲（他爷爷奶奶在1920年前因瘟疫而过世了）在解放初期的"土改"中被划定为富农。成分的划分是条无法逾越的红线,愿望再良好也无济于事,费钧德进高中的愿望戛然而止,他不得不背起书包打道回府,回家"修地球"。

有话说"学了数理化,走遍天下都不怕",读了9年书的人,在当年的川沙农村也算是个小知识分子了。费钧德,你别看他年纪轻轻,但心胸豁达,视野开阔,他想虽进不了高中,回到农村也蛮好,自己本身是个农民,"农村是一个广阔的天地,在那里都可以大有作为的"。当年不是有很多城市知识青年都奔赴农村,城里工人下放回乡当农民了吗?有了这样的好心态,费钧德心安理得地务农。在很长一段时间里,和他祖辈没两样,脸朝黄土背朝天,弯腰曲背挣工分,与土地打了整整五六年交道,成了农业劳动大军中的行家里手。

与自己的父母辈相比,费钧德的文化水平高出了一大截,为事业的拓展打下了基础。但随着时间的推移,时代的发展,他感到自己的初中文化程度已远远适应不了形势发展的需要,所以他边干边学,在理论与实践的结合上不断摸着石头过河,同时把求得更多知识的希望寄托在下一代身上。

传承"学无止境"的好家训

青春期的费钧德与吴宝珍,是由亲戚牵线搭桥,于1971年相识。情窦初开的他俩可谓一见钟情,相见恨晚,缘由是男有才女有貌,且志趣相近,情投意合。恋爱跑步了两年终成正果,1973年新春佳节,在亲朋好友的簇拥和浓烈祝贺声中成了眷属。

他们的长子屹立呱呱坠地于1973年底,大胖儿子的出生,给小家庭带来了欢声笑语。给他起个什么名字?费钧德左思右想搜肠刮肚勤思量。自古以来,国人按照生辰八字,对孩子的名字极为重视,现代社会还有起名公司。屹立,屹立,这个名字听上去既昂扬又大气。上世纪70年代初,还处在"文革"期间,一般人家孩子的名字带有政治色彩,时代烙印比较多。而屹立这个名字,在当年很是前卫，笔者好奇地请教费总裁。

说来话长，费总裁娓娓道来。1968年时，他在村（当年称大队）领导的支持下，与几个志同道合者冒着风险办了个小五金加工厂。"文革"期间办厂非同小可，被当作"资本主义"尾巴割来割去，割得鲜血淋漓，在几度风雨几度春秋中关关停停，成了名副其实的"开关厂"，也有人称其为"地下工厂"。但年轻的费钧德争气坚持着，到1972年时终于有了一定起色，年利润进账2万多，在当时这是个大数目。大队里用这笔钱购置了拖拉机、收割机等，令左邻右舍的大队刮目相看。成功的喜悦使他欲罢不能，善于寻梦的他心想着来年要"欲穷千里目，更上一层楼"，有朝一日让大队企业屹立于世界东方。恰巧1973年儿子出生，为了实现自己的抱负，他要把屹立两字作为标签，镌刻在儿子身上，这就是大儿子屹立名字的来龙去脉。同时费总裁牢记"屹立"两字，时时提醒鞭策着自己，在寻梦、追梦、圆梦路上不停步。几十年后的今天，界龙做成了中国印刷的龙头企业，屹立在世界的东方。

费总裁的幼子名屹豪，出生于我国实行改革开放的第二年，也就是1979年。1968年建起了小五金厂，1973年又创办了界龙小印刷厂，经历几年"曲线救国"式的发展，成了界龙彩印厂。由于印刷质量高及信誉好等，受到外贸系统的青睐。1978年党的十一届三中全会召开的那年，彩印厂印刷的上海手帕包装，创造了22万多美元的外汇收入，成了轰动一时的新闻，企业也在国家外贸部挂上了号。费总裁感到很自豪，因为为国争了光，为上海争了光，为家乡黄楼争了光，所以1979年当幼子出生时，不假思索取名为屹豪。随着时光的流逝，几十年后再回眸，屹立、屹豪这两个名字有着改革开放的时代烙印，也是界龙村起步、发展、腾飞的印记。

费总裁属前卫的、超前的，他说儿子名为屹立、屹豪，也时时提醒着自己，自己的工作要朝这方面努力，企业要朝现代化、国际化方面迈进。

名字，只是区别于他人的一个符号，要使孩子的学识及才能才华等，与名字一样珠联璧合，做家长的除了关心他们的健康成长外，培养他们成为有道德有理想有知识的人至关重要。因为"智慧之子，使父亲欢乐；愚昧之子，叫母亲担忧"。屹立和屹豪在年龄上相差六岁，从他们懂事起，就分别进行启蒙教育，使他们从小养成尊敬长辈，热爱劳动，懂规守矩，扣好人生第一颗纽扣。到了孩子读书的年龄，费总裁把"肚子里有了知识不会被人抢走"的祖训又传承给了下一代。屹立于1980年进入小学，直至1992年川沙中学高中毕业，1996年毕业于华东师范大学国际金融系，毕业后进入北京某证券机构工作两年，积累了比较丰富的金融管理方面的实践经验。1997年又赴澳大利亚墨尔本皇家理工大学读国际金融硕士，2000年回国，到界龙集团工作。

因费总裁夫妇俩忙于事业，屹豪小时候在外婆家长大，先后进入川沙实验小学和乔光中学就读。为了让屹豪享受到优质教育，费总裁通过友人相助，使屹豪在初二时进入名校——上海建平中学并寄宿，高一时远渡重洋留学澳大利亚。墨尔本念完高中，考上墨尔本大学读双学位（经济管理和电子工程）。

报效家乡之责义不容辞

随着改革开放的深入，也带动出国潮的风起云涌，一直延续到今天。国人漂洋过海到异国他乡，为的是"睁眼看世界"。费总裁夫妇俩也有送孩子出国留学的想法，两个儿子也是胸有成竹，跃跃欲试。话说机遇是为有头脑的人准备的，也许是福星高照，时来运转，费总裁家有了好机遇。

屹豪在建平中学住宿期间，学校里来了个澳大利亚驻沪总领事官员儿子麦英斌就读，领事要求学校安排自己的儿子与当地学生同住，为的是让孩子尽快随乡入俗，融入当地社会。校长们深思熟虑后挑选品学兼优的屹豪做小麦的室友，也由于这样的原委，屹豪与小麦成了好朋友，同进同出，小麦向小费学普通话、上海话（包括川沙土语方言）等，小费向小麦学英语，两家大人之间常来常往，亲密无间成了好朋友，使小麦感觉虽处异国他乡，上海也有家乡的温暖。日后领事在任期届满回国任职时建议让屹豪和他的儿子小麦一起赴澳大利亚读高中，并让已立业的屹立赴澳大利亚深造，这样哥俩先后进入澳大利亚墨尔本大学是顺理成章的事。

当年中学生出国留学的不多，虽说屹豪出国之事有领事相助，真的要办妥还是费了一番周折。出国申请程序复杂，审批要求高，等待时间长。费总裁夫妇俩特别有耐心，尤其是屹豪母亲吴宝珍为了办妥儿子所有留学手续，几乎是跑断了腿脚，磨破了嘴唇，前前后后整整两年多时间，1996年8月屹豪如愿以偿进入澳大利亚墨尔本读高中，以后又考入墨尔本大学。两年后已经工作的哥哥屹立也飞到了澳大利亚皇家墨尔本理工大学攻读国际金融学位硕士，学习、深造国际金融管理知识，取得了硕士学位，哥俩兄弟连心，生活上互相照顾，学习上相互勉励。

屹立原本在澳大利亚已找了份心仪且待遇优厚的工作。"慈母手中线，游子身上衣"，但他向往着改革开放的祖国，特别是思念着家乡的父老乡亲，他想在父亲一手创办的界龙集团里发挥点作用，以知识回报家乡，所以毅然决然地婉拒导师的盛情挽留，回到了祖国，回到了浦东，那是2000年，是新世纪曙光首照神州大地的那年。

屹立回来的当年，正赶上界龙发展史上的关键时期——企业改制，他被任命为改制工作的秘书长。海阔凭鱼跃，天高任鸟飞，他按照国家政策，结合企业的实际情况，精心设计了界龙的改制方案，兼顾了国家、集体、职工及经营者的各方利益，在村民代表大会上获得全票通过，也得到了上级领导、股东和企业职工的高度认可。

实践是检验真理的唯一标准，通过改制后界龙原职工无一人下岗，且收入随着企业经济效益的提升水涨船高，全体村民的生活也如芝麻开花节节高。企业也从村办集体控股的上市公司改制为自然人控股的上市企业，界龙实现了新的腾飞。

改制工作完成后，屹立没有一步登天谋高职，而是立足于从基础管理做起，一步一个脚印，步步为营，稳扎稳打上台阶。先是在集团企业发展部任职，当取得一定管理经验后，2002年底被任命为集团副总裁。在副总裁位置上，他把自己的专业知识，结合工作实际，标新立异，创新管理体制，使界龙集团的管理模式，从联合舰队型嬗变为航空母舰型。并大刀阔斧对集团总部原有职能部门重新整合，实行严格的考评制度，以提高工作效率，向管理要效益。如设计推行财务经理委派制度；集团内部实行审计制度；成立集团采购物流部，改变以往各自为政的现象；将集团总部打造成公共服务平台，加强对下属企业的指导、服务与监督。通过这些措施，使集团的基础管理工作面目一新，连连上了台阶。

2006年时，集团总裁费钧德提出了全新的经营理念，就是企业应成为提供策划、设计、产品、服务等多种选择的世界级供应商，让广大客户也增进收益。对于这一新理念，作为副总裁的屹立，全盘接受，并在实践中不断完善创新。

与此同时，屹立还在投资与资本管理、经营方式和盈利模式及新产品、新市场、新业务开发方面施展新招，取得新的实效。

在认真抓管理的同时，屹立热心于社会公益事业。在担任浦东新区政协委员期间，积极参政议政，《关于发展浦东创意农业的若干建议》的提案，被采纳及实施。2012年担任浦东新区人大代表、浦东新区人大常委会财经工作委员会委员后，继续建言献策。

屹立还热情参与慈善事业，以实际行动扶贫帮困，在他的积极倡议下，2010年界龙集团向上海市青少年发展基金会捐赠《中国100》项目启动资金100万元；在2013年界龙彩印40周年庆典仪式上，屹立代表界龙集团向上海市慈善基金会捐赠100万元人民币，受到社会广泛好评。

鉴于屹立在集团管理岗位上做出的卓越业绩，先后荣膺"全国轻工业企业信息化优秀领导奖"；上海市职工信赖的经营（管理）者称号；浦东新区先进工作者称号；浦东新区十佳企业文化建设领军人物称号；上海新闻出版业世博工作先进个人；全国十大杰出青年企业家。

屹立曾连续两届担任浦东新区政协委员，现在是浦东新区人大代表、浦东新区工商业联合会（商会）副主席、浦东新区青年联合会副主席、上海市企业协会副会长、中国印刷及设备器材工业协会副理事长、上海市轻工业协会副会长等行业领导职务。

国产经典军事题材影片《哥俩好》，叙述了同时入伍的孪生兄弟大虎、二虎，在军队这所大学校中，努力学习，刻苦锻炼的故事。

在界龙集团中屹立、屹豪是当代版的哥俩好，屹豪把兄长屹立作为学习的榜样。屹豪于澳洲墨尔本大学毕业后顺利进入澳大利亚国立银行，在唐人街支行长位置上如鱼得水。多年后也像哥哥那样，毅然回到了生他养他的家乡。先后在界龙集团所属企业中任职，如上海外贸界龙彩印有限公司副总经理、常务副总经理，上海界龙实业集团股份有限公司印刷事业部副总经理等，现任界龙集团总裁助理，主要负责公司行政、财务及人事管理，协助总经理管理公司日常运营，并参与公司高层战略投资决策等事项。

屹豪倡导实施绿色环保彩印，与世界印刷行业接轨，建立了CTP制版流程，既节约了资源，又减少了污染物的排放。大力推行标准化数字印刷技术，以改善印刷工艺中存在的不足。不断完善质量管理制度，使"质量第一"的观念深入到每个员工心中。规范各项生产管理制度，完善生产流程。同时，他注重人才的培养和干部队伍建设，建立了完善的人力资源管理机制，为企业引进和培养年轻化、知识型的专业人才，为企业的长久发展奠定基础。

在事业上奋发图强的同时，屹豪在公益事业方面也是匠心独运。他关爱企业中聋哑人这个弱势群体，量体裁衣，妥善安排工作，使他们各尽所能，各得其所，有了相应的经济收入，减轻了其家庭的经济负担。为了让他们融入社会，专门成立聋哑人舞蹈队，平时由专业老师耐心细致给予培训，每逢节假日在企业舞台上向工友们做精彩表演，还受邀代表公司赴川沙新镇及浦东新区演出，受到广泛赞誉。

作为浦东新区川沙新镇社团公益联盟的理事长，屹豪关心着辖区范围内众多的留守儿童，连续多年免费开办了"快乐暑假营"，使孩子们的暑假生活过得丰富多彩。他为孩子们赠送的儿童图书、玩具、学校用品等，总金额在100万元以上，受到孩子家长们的千感万谢。爱幼是这样，在尊老方面也毫不逊色。他参与"叩响幸福之门"志愿服务，连续多年出资达160多万元，为六大社区的80岁以上老人共800多人订阅《益寿文摘》等报刊，丰富了老人们的文化生活。

鉴于屹豪在事业上、公益上的积极贡献及政治思想上的积极要求上进，2014年他光荣地加入了中国共产党组织，并担任了界龙集团党委委员。这几年先后获得众多荣誉称号，如上海市"印刷新人奖"、上海市青年"五四奖章"获得者等。2019年又获得上海市优秀青年企业家称号。

尾 声

居里夫人曾经说过："一家人能够互相密切合作，才是世界上惟一的真正幸福。"现年古稀的费总裁，在半个多世纪的拼搏中创造了辉煌，将一个五金小厂办成了世界印刷巨头。他把接力棒传给两个儿子后，屹立、屹豪干得得心应手，风生水起，社会评价是"青出于蓝而胜于蓝"。

同时由于费总裁夫妇俩的言传身教，还由于两个儿子谨守及实践"克勤克俭，以史为鉴；志在天涯，学无止境；尊老爱幼，修身养性；遵纪守法，一介平民；一旦为官，清正廉明；报国为家，吾日三省"的家训，费总裁家的家训成为界龙的"标杆"。

尤其是屹立、屹豪小夫妇们时时关心着年事已高的父亲的生活起居和身心健康，由衷怀念着母亲生前的养育之恩，全家人和和睦睦，幸福甜美，验证着哥德所说"无论皇帝还是庶民，能在自己家中得到和睦就是最幸福的人"。

费屹立董事长从2016开始着手开发新型绿色、可以纸代塑的纸模塑包装（可替代以前包装防震用的EPS塑料产品），从2017年开始，先后在奉贤、昆山、泰州、合肥、重庆设厂，从自行设计、模具、机器制造到生产纸模塑包装产品。

费屹豪在集团公司决策，从2016年开始着手包装印刷生产基地从原界龙村工业区，逐步搬迁至浙江平湖市。2017年10月，项目近9万平方米厂房开工建设，计划2020年首先把两个工厂搬迁过去，从筹建、建成、今后生产经营完全由费屹豪负责。

作　者：严志明
创作格言：从我生命中流淌出一滴滴热血，就是我的激扬文字。

心怀真情至善办实事

——记上海市浦东新区川沙新镇原界龙村党委书记费钧德

> 生活中每个人的心中都有一个至善情怀，这是一种非常深沉的心理潜藏，倘若他们积极行动起来，最终的催动力仍然发自于那个隔年地窖，人生和理想的奥秘，就在那个深层中接通。
>
> —— 一位作家这样对我说

一

中国的东方有那么一片热土，她的名字叫浦东。

在上海浦东这片热土上有那么一个村，她的名字叫界龙。

界龙村，改革开放后，成为"中国乡村第一股"的诞生地，多次获得"全国先进基层党组织""全国文明村""全国妇联基层组织建设示范村""上海市五好村党组织""上海市文明村""上海市民主法治村"等各类光荣称号，是闻名遐迩的一个自然村。

几乎成了一种惯例，每一位来上海浦东农村参观学习的都要去亲眼看乡村振兴，农业强、农村美、农民富全面实现；几乎每一位参观学习者惊异于界龙村的发展，无不为界龙村发展的如此巨大变化所折服；几乎每一位关心界龙村发展的人士都要问上一问，界龙村建设发展的奇迹从何而来？

我同样在寻觅着。

我几次动笔试图为界龙村的发展奇迹作一个有力的诠释。

然而，蕴含在界龙村发展中的内涵太深太深了。这个村，50多年的建设、发展和变化离不开原界龙村党委书记费钧德的情怀，他始终以人民为中心的发展理念，努力把改善和提升人民生活质量，增进人民福祉作为工作的出发点和落脚点，在村民中寻找发展动力，紧紧依靠村民群众推动建设发展，使发展造福村民群众，打造美丽宜居环境的新农村。在界龙村老百姓的心目中，费钧德就是一个农村改革的引路人，他团结带领界龙村一班人，在浦东开发开放中，默默地无私奉献，用他智慧才华勾画出中国改革开放前沿的一个乡村缩影。

如果把界龙村建设发展比作一条船，那么界龙村党委书记就是这条船的船长。在浦东，乃至上海，费钧德差不多已经是家喻户晓的人物了。他的名字，和浦东界龙村村民的一个难圆的梦连在一起。如今，这个梦实现了，就是在界龙村发生着深刻变化，一条条平坦的水泥路，一栋栋别致的楼房，一片片生机盎然的生态树林……

他们不会忘记为界龙村的发展呕心沥血的人，不会忘记这些把界龙村村民的美梦变成现实的人。作为界龙村发展的引路人费钧德，简直有点传奇色彩。可以说，他常用自己的诺言做时代的改革者，复兴路上的奋斗者。

二

春天如期而至。浦东界龙村处处焕发出生机勃勃的景象，村道两旁树枝上吐露着新芽，一朵朵鲜花灿烂盛开……诚如此时我足下的广场，安静祥和。河里春水像一首绵绵柔情的钢琴曲，弹奏在我心底，却牵扯出许许多多刻骨铭心的人和事。一个叫费钧德的界龙村人，多么的牵挂你呀！

我与浦东新区川沙新镇界龙村的费钧德首次相识，还是几年前初春的一天。年届不惑，方正的脸庞，面带笑容，谦和近人，这是他给我的第一印象。当时为编辑出版《界龙印象》一书，我作为浦东作家采访团团长，采访界龙村工作的老一辈企业家、村干部。当他绘声绘色描述界龙村在农村改革开放中，带来的翻天覆地、日新月异的巨大可喜变化时，我听得入迷，不禁浮想联翩；在浦东，在那离东海海岸线不远的地方，在葱郁葱茏、清丽鲜亮的乡村美丽的风景，有一个古朴的自然村——界龙。在那里，生命赋予他们丰富生动的色彩，绿地清水注入他们殷红的血脉。

初夏，从金融城陆家嘴一行，我们一路追寻梦中的浦东——遥远的远近闻名的界龙村村落。驱车行驶在浦东这片充满希望的土地上，沿途，挡不住的一栋栋风格迥异、中西合璧的传统别墅错落有致，一座座高楼大厦高耸林立，颇具特色的建筑群鳞次栉比，交相辉映，一条条碧绿清澈的湖河，碧波荡漾，荡人心旌。

进入界龙村区域，汽车沿着宽阔、平坦、绵延的界龙大道前行，两侧是一棵棵挺拔的绿树和花草，清新的空气扑面而来，分明来到一个满目的绿色世界。

把目光投送出去，两边风景，远远近近，皆可描画。一排排江南小楼，白墙黛瓦，清丽脱俗，绿树修林环绕，一间间农家小院里，栽种着桃树、桔树、梨树等，树冠如盖，那些生长于路边和河边的野草野花，拂风沐雨，生生不息，表现出极强的生命力，使这个江南水乡的村庄充满着诗情画意，让人心旷神怡、乐而忘返。

时值中午时分，我信步走进宽敞明亮的办公室，接待采访的是原策划编辑过《界龙村志》《上海界龙集团志》主编陆雨欣先生，他讲述着费钧德和村里几个村干部不忘初心，办好村民的实事工程的情形，他感叹道：村里主要在小型农田水利设施、村庄改造、环境内部提升、农村生活污水改造、河道整治等方面，把美丽乡村建设不断推进，让乡村变得更加美丽，风景如画，生态宜居的美丽家园。让老百姓有更多幸福感，老费带领村里一班人，为村里实事工程付出了心血，发挥聪明才智，为乡村振兴，建设美丽新农村，不倦工作与追求，他们默默地工作着，淌下他们辛勤的汗水，留下他们闪光的足迹，烙下他们实干的身影。

中国改革开放春风吹遍神州大地，激发着前进希望。"想要富先筑路"的发展理念在实践中深入人心，引领着界龙村富裕起来的生动实践。昔日界龙村至上个世纪80年代初期，全村仅几条有机耕路、钢渣路，水、电、路、通讯等基础设施建设一直制约着界龙村发展。费钧德，无愧是个时代的弄潮儿，他既有眼力又有魄力，面对这种状况，及时召开村委会讨论决定，界龙村以加快本村基础设施建设为突破口，将村内各道路建设工程作为促进全村经济社会发展的头等大事来抓，采取资金投资和村民投工投劳等办法，全力打造美丽乡村"底色"建设令人向往的精神生活家园。界龙村先后投资300多万元，修筑公路42.91公里，实现了道路通达、通畅、联网，让长期封闭于郊区边缘的地方农副产品产生了经济效益。

接受采访的陆雨欣对我感慨地说：如今，界龙村已经发生了巨大的变化，从过去的一片农田到现在的绿化景观；从过去的乡间田埂到现在的宽阔马路；从过去的低矮平房到现在的粉墙黛瓦的农家小楼，这一切的变化都足以说明中国改革开放指引了新农村发展前进方向，呈现出勃勃生机。

那天下午，我一个人饶有兴趣，怀着敬仰的心情独自走进界龙村，想去看看村民们现在的实际生活状况。

在这样美丽如画的地方，适宜于将眼睛想像成一部摄像机。目光的收放，仿佛镜头的伸缩，将不同距离的目标一一捕捉摄录。

此刻，界龙村就出现在眼前。一条条平整笔直的"村村通"水泥路，就像光滑柔韧的缎带，把一座座新颖别致的农家小区串联起来，宛如镶嵌在这片沉静土地上的一粒粒明珠；规划如一的景观树、绿化带在明媚的阳光下，跃动着鲜活葱绿的朝气。

看到桥，就想起界龙村为村民福祉的造桥。人们回忆想到，上世纪中期，村内有小木桥，石桥没有几座，信息闭塞，交通不便以及生活贫穷落后等，吸引了众人许多目光，有了好多座桥，沟通了村村宅宅的联系，拉近了村宅与外部世界的距离。

人们没有想到，那个遥远而陌生的神话，早已变得寻常和日常。在临近上世纪末的90年代，这个美丽的梦想变成了现实。界龙村村域内拥有3吨级农机桥梁25座，汽六级桥梁7座、汽15级桥梁9座。一座座造型别致的桥，架起沟通村与外部的交通，桥下水波粼粼，周边广袤的葱绿田野，野花飘香，绿树叶茂，鸟鸣流转，改变着人们的时空观和生活方式，人们的活动范围和自由度空前拓宽。这里的几十座桥架起，可不是纸上谈兵，是一个村富强的实力展现。一份感恩之情也会飘然而至，我们会从内心感谢费钧德和伙伴们用智慧、汗水甚至生命铺就成的一座座富有动感和艺术韵味的碧波通道。

三

这是江南水乡，一个美丽的生活家园……

令我的目光牢牢停留的这些场景和画面，属于一个秀丽的地方——界龙。

每一个村宅都体现了自然的紧密融合，或以绿树修竹为环抱，或以绿水清流为襟带，绿环水绕，林木葱郁。走进村宅头，或者是一道水流，静静地流动，清澈见底；或者有一棵高大茂盛的树，伸展的树冠遮住了一大片地面，再向里边走，农家特色小楼林立，平坦水泥路直通到家门口。四周绿树掩映，庭院花草盛开，果树飘香。栋栋楼房粉墙黛瓦，家家户户的门口，不时飞出欢声笑语。

当过村干部的老费深有体会,那是费钧德作为界龙村党委书记带头人的作用。他说,农村环境整治千头万绪,是为民实事工程,从农民切身利益、最迫切的需求入手,整治村宅垃圾、处理臭水污水、硬化条条道路,加强整体规划,后来在整治范围、内涵上不断延伸拓展,造就了一个美丽乡村。

"现在随便到哪个村宅角落,都干干净净,清水长流。再要看垃圾遍地、污水横流的场面,只能去找历史资料呀!"

一件事情接着一件事情办,一年接着一年干,建设好生态宜居的美丽乡村,让广大村民在乡村振兴中有更多获得感、幸福感。

在界龙村村委接待室,我在那里看到墙壁上挂着许多奖牌,其中有一块叫"全国文明村"让我颇感兴趣。我知道,这块奖牌的分量是与整个村的文明建设的实际成果紧密相连的。在这里,我遇见了一位曾经担任这个村的老村长。他今年70多岁,精神状态很好,而且很健谈。我从与他的交谈中得知,他从1980年起任界龙村村民委员会主任、村党委副书记,直到2009年才退休。为了村民多办福利事业,尽快让退休村民安度晚年,得到更多快乐和美好的幸福。费钧德亲自召集村两委研究决定出台了界龙村村民养老补贴的待遇实施细则,对女村民(女职工)从50岁退休开始,每人每月500元;对60岁以上的老人,每人每月600元;70岁以上的老人,每人每月700元;80岁以上的老人,每人每月800元;90岁以上的老人,每人每月900元;95岁至98岁的老人,每人每月1200元;99岁以上的老人每人每月2000元左右;而且年满99周岁的老人,给予一次性慰问金2万元,以后每年生日送去慰问金1万元。另外,因病住院而产生的医疗费用自费部分村给予报销80%。

"我们只是为村里老人们做了力所能及的一些事,如果这一点付出能换来老人的幸福,我们就觉得很值得,心里就感到很满足了。"

在开展扶贫帮困公益服务活动中,费钧德充分发挥其平台作用,参与策划了贴近实际的方案,在贵州援助四所小学的升级改造,每所30万元。(其中一所由村捐、一所由界龙集团捐,还有两所小学由川沙商会捐,当时费钧德是川沙商会会长)。实施了"春苗计划"教育助学项目、"温暖包"帮扶工作偏远地区贫困学生项目、"爱心帮困"服务项目。近几年，界龙村和企业对这些公益服务项目中，捐款超过 1000 万元，资助贫困学生 800 多人次，直接受益的贫困家庭与个人 1200 多人次。

一个典型感动整个村子，一位好人带动一批好人，一群好人带来满村新风。"做一个善良的人，一个办实事的人"这样耳熟能详的话语，在年年岁岁的时光更迭中，激励更多人们崇德向善，乐于为人做好事。

四

村民生活好了，经济发展了，精神面貌也应该同步提高。建设全面小康社会，一定不能忘了农村文化建设。在这个问题上，费书记和村党委成员认识都很统一。近几年，界龙村先后投资 3600 多万元，建了 3000 多平米的文化体育中心，介绍村史发展的展示厅，有容纳 800 多人的多功能厅、电脑教室、图书馆、科普馆、室内健身、计生咨询站、医疗卫生室，还有标准化篮球场、足球场、露天灯光舞池、科普画廊、界龙公园等文化设施，为村民提供了各种文体活动的场地，浸润着浓郁文化的生活。

界龙村的道德讲堂，都由村上的党员干部和选出的新乡贤讲课，还发动组织村民参与编写界龙《新三字经》，经过多年探索，以道德建设激活村民自律，遵守道德的内生动力，抓好精神文明建设，提升村民文明素质的关键。为此，费钧德和村委推展了界龙《新三字经》的征集活动，以社会主义核心价值观为指导，从励志、道德、人生、生活、为人处世的角度向村民征集"三字经"，包括励志篇、道德篇、生活篇、人生篇，牢记"五要"创和谐等篇章，汇集成册，成为村民广泛参与，自我对照、自我教育的一种精神文明建设的方式，也成了当地的农村文明建设标志。

居住环境变美丽了，村民文明意识更要不断提高。界龙村党委书记费钧德在带领村委成员推动争创"五好家庭"活动的基础上，开展了以全村家庭为主的"十星级文明家庭"争创的评选活动，这十颗星级别，分为是五爱星、美化星、卫生星和团结星等十个标准。文明家庭每两年评选一次,自下而上,层层筛选,张榜公布,进行表彰,让村民们向他们学习、看齐。通过星级家庭的评比,使村民的生活方式、文明养成都发生了巨大的变化,也推动了村民们学习榜样的氛围。如今,95%的家庭已达到8星级以上,反映了界龙村文明家庭建设带来的可喜变化。对于这个深入人心"实事工程"的新实践、新成果,充满强劲动力,保持旺盛生命力,闪耀持久光芒。

在界龙村党委书记费钧德关心和支持下,成立了沪剧演唱队、舞蹈队、合唱团、女子二胡队、腰鼓队、中老年晨操队、乒乓球队等,京歌大戏《界龙颂》1998年曾被选送到人民大会堂参加演出。界龙沪剧队每月一次为村民们演出大戏和折子戏,从不间断,陶冶了村民精神情操,极大地丰富了村民的文化生活。

费钧德和村委班子成员,为了让更多村民了解国内外大事和自觉执行党的方针政策,他们决定向每一个村民送上精神食粮,不仅村里赠送《浦东时报》,还为全村每个村民小组订阅《解放日报》。通过对党的方针政策宣传、传播、引领村民们深切感受到新时代发展进步带来的巨大变化,激励广大农民对农村改革满怀信心、热爱劳动、勇于创新,用自己双手描绘美丽乡村新画卷。在和谐、宜居、美丽的生态家园中增强获得感、幸福感,在自治、法治、德治的精神家园中增强归属感、安全感,对美丽乡村、文化乡村充满自豪感和自信心。界龙村成了浦东新区美丽乡村、上海市文明村、上海市民主法治村。

五

总有告别的时候,我对作家陆雨欣说,世间所有的美好,都留存有奋斗的足迹。相信村民们不会忘记他的功绩。开拓者总是永葆青春、永远年轻的心态,费钧德还是那样壮志满怀、豪情溢胸,为农村改革和发展再立新功。

采访归来,一轮明月渐渐隐进云层,我毫无睡意。走出屋外,凝望夜空上星星闪烁,周围一片沉寂。此刻,我想写界龙村村民的甜梦、憧憬、向往;

写农村改革给乡村带来的富裕、文明、欢乐；写厚重土地丰沃、充盈、希望；写明天乡村朝霞的灿烂；写文化广场上歌声的悠扬。也就在此刻，月光碎银流泻在乡野，有清风摇醒文字，白天我参观考察现场的镜头，又一个一个清晰地在眼前叠影。

　　界龙村，是我心中值得眷恋的地方，一个农村改革成功的缩影，也飘来了带着浓浓乡愁滋味的泥土芬芳……

作　者：陆雨欣
创作格言：人生就像一道多项选择题，困扰你的，往往是众多选项，而你只要选择其中一项，勇敢顽强地坚持下去，必定会有出色的成绩，会有美好的未来。

初心与梦想

——记上海界龙集团董事长费钧德

面对外界，2017年之前费钧德既是界龙集团的董事长，更是川沙新镇界龙村的党委书记。费钧德1987年起任界龙村党总支书记。1997年界龙村成为浦东新区第一个村级党委，费钧德当选为村党委书记。30年来，他时时刻刻关注着界龙村的民生，在村党委会上多次推出重大举措，确保村民的利益，保障村民逐步过上富裕的好日子，让村民的满意度、获得感大大提升。为什么他要这样做，正如他自己经常说的一句话："我是界龙人，要对得起每一位界龙人。"

费钧德，1946年4月出生于界龙村第三生产队。1962年他初中毕业，因为家里成分高，不能读高中，就回家种田了。在农村他干了六七年的农活，因此对农村的贫穷落后深有感触。所谓"穷则思变"，他一直在思考如何摆脱这个"穷"字。还在他读初中的时候，川沙中学的地理老师曾经说过，中国是个农业国，农民占绝大多数，有8亿农业人口，生活贫困。要想改变这个状况，只有通过努力将农业向工业转移，让农民变为工人，这是农民改变自己生活、改变自己命运的唯一出路。老师讲的这些话，他一直铭记在心，对他很有启发。于是，他一门心思想办厂，想以此来改变自己和村里农民的贫困境地。

一

1968年，在费钧德的大力建议下，村里决定办个小五金厂。小五金厂办成厂后，第一笔业务是上海灯具厂的航空指示灯插销，5天赚了35元，相当于500斤麦子的价钱。通过小五金厂的开办，尽管开开关关，但村经济收益明显改善。到1972年，全年利润达到2万元。当时农村手扶拖拉机每台1000元，界龙村一下子买了7台，每个生产队一台，还买了收割机等，这在当地农村风风光光了一阵，周围村民都羡慕得不得了。有了小五金厂的2万元利润，从此村里的开支也可以不再向农民摊派了，大大减轻了农民的负担，老百姓开始得到了实惠。

但创业是艰辛的。且不说没有技术、没有客户，而且当时对乡镇集体能否办企业也没有具体的政策，费钧德他们所办的小五金厂连个正宗的名分都没有，属于"黑户口"企业。为了应付有关部门的盘查，费钧德和他的同伴们不得不打起"游击战"——有人来查，工厂停工；人一离去，继续开工。工人们戏称为"开关厂"。

后来形势有了好转，1973年，费钧德等办厂积极分子在村的支持下，又筹建了界龙印刷厂，花了700元钱购买了两台脚踏圆盘机，又投资300元添置了一些辅助设备，这一年的10月，印刷厂正式开业。印刷厂的第一笔业务，就是印刷"六六六农药"包装袋上的各种规格的说明书，数量很大。每台圆盘机一天可以赚10元，两台机器就是20元，经济效益十分明显，村里老百姓看在眼里喜在心里。

二

企业立足市场之后，费钧德又扬鞭奋进。1994年，他推出惊人之举，当年2月24日，界龙实业在上海证券交易所正式挂牌上市，成为"中国农村第一股"。从此，界龙企业规模日益扩大，产业涵盖包装印刷、金属制品、商业贸易、食品、稀土等。

企业发展了，经济效益增长了，费钧德更多的是想到村民。当初，他一心办企业，目的是让村民摆脱贫困。这个愿望实现后，他心中又怀有一个梦想，那就是让村民富起来，步入小康生活，过上富裕的好日子。这就是费钧德的梦想，也就是他的"界龙梦"。

1995年前后，界龙村总户数1000多户，总人口3000多人，有1000多名劳动力，96%的人都在界龙企业上班，也就是说村里每家每户都有人在界龙集团就业。上面有政策规定：凡是上市公司的职工都可以参加社保，但必须交纳三金。界龙企业想方设法每年拿出2000万元，为职工交纳养老保险、医疗保险和失业金，让这些村民职工退休后都能享受社保待遇。如今，这些界龙职工陆续退休，养老退休金多者每月3500—3600元，少者也有每月2500元上下，退休村民生活无忧，幸福安康。

三

2000年，浦东作出了加快农村改革的决定，计划在三五年内将浦东的数千家乡镇企业全面改制。市、区多位主要领导来界龙公司参观调研，也着重提出将继续加大国有及集体企业的改制力度，界龙也要在企业改制方面继续深化。2001年，在浦东新区农工委、农发局和川沙镇党委、政府的关心和支持下，界龙村集体企业改制工作全面展开，费钧德从海外学成归来的大儿子费屹立也参与进来。他们深思熟虑、巧妙构划，编制了界龙企业改制的方案。这次改制，做到了"公开、公正、公平"。方案中，以成绩与贡献为主要依据，分别有偿给予40多位经营者不同比例的股权。

改制后，首先确保村民就业和村集体经济的收入不减少，确保集体资产的保值、增值：1、承诺确保村民职工无一人因改制而下岗；2、拿出企业7%的股份留给集体持股；3、把非竞争的两个企业界龙古园、界龙水厂仍留由集体经营；4、把一部分土地厂房留给集体所有，这笔收入他们结算每年2000多万元，有这几笔稳定的收入，村集体经济必定是富裕的了；5、界龙企业外部的债务和银行贷款全部由界龙集团来承担。为此广大村民都非常高兴（至今十多年事实证明如此）。这一方案兼顾了国家、集体、个人三方利益，获得上级领导、股东和村民职工的高度认可。2001年9月6日，村民代表大会表决全票通过了界龙改制方案。改制后的公司成为一个由42位自然人股东和界龙村投资管理中心共同投资的经济实体，一个完全符合公司法的公司。

新一轮的改制给企业注入了新的活力：企业运作机制有了极大的改善，主要经营者和管理者的工作积极性大大提高，与改制前相比，界龙企业销售持续增长，利润增长明显。同时，确保了村集体经济的稳定发展和村民收入的不断增长。

四

　　费钧德把发展经济与促进农民增收相结合，建立了农民增收的长效机制。从 20 世纪 80 年代开始，界龙就从村办企业利润中提取部分资金作为退休金，保障农民老有所养、老有所依、老有所乐。2009 年，界龙村村民代表大会通过了村两委会制定的《界龙村村民福利待遇实施细则》，凡是户口在界龙村的村民（包括界龙企业职工），已办理正式退休手续的村民，不论男女，均可享受村发给的每月 500 元—2000 元不等的生活补贴。具体标准如下：

　　50—59 岁，每月 500 元；　60—69 岁，每月 600 元；

　　70—79 岁，每月 650 元；　80—89 岁，每月 750 元；

　　90—94 岁，每月 900 元；　95—98 岁，每月 1200 元；

　　99 岁以上，每月 1700 元。

　　平均每人每月 600 元以上

　　每月 20 日领取，风雨无阻、雷打不动。退休年龄越大，领取村的生活补贴越多。如果活到 100 岁以上的（包括 100 岁），除每月可领取 2000 元左右外，还给予一年一次性的 2 万元的慰问金和每年生日时 1 万元的慰问金。

五

　　现在村民最担忧的是生大病住院的问题。俗话说吃五谷的岂能不生病。凡生大病医疗费、住院费是个很大的数字。村党委为此研究后决定：凡是村民患病住院治疗的，不论医疗费、住院费多少，其自费部分的 80% 均由村里给予报销。这一举措，真正帮助解救了村民因患大病而在经济上返贫的现象，村民们高兴得不得了，都说生长在界龙村真幸福，生老病死都有保障。

　　当蝴蝶从蛹中破茧而出，在天空中翩翩起舞时，它说它是幸福的；当种子冲破泥土对它的束缚，接受第一缕阳光的照耀时，它说它是幸福的；当费钧德带领界龙村的全体村民怀着希望，追逐梦想，经过几十年的共同奋斗实施共同富裕时，他说他是幸福的。

回首笑看世间风云，笃定梦想安然从容。在经历40多个春秋之后，费钧德见证了中国人从追梦到造梦的时代变迁，他也是改革开放的参与者和推动者。邓小平先生曾经说过，让一部分人先富起来，然后带领大家走共同富裕的道路。费钧德在界龙村是一位经历艰苦创业后富起来的典型代表，他是一位因势而为的探索者，又是一位言出必践的开拓者，他紧扣时代脉搏，终于走出了一条共同富裕建设社会主义新农村的光明大道。

笔者为张江镇孙桥人，曾在界龙村、界龙集团编写志书达七年之久。我为界龙村、界龙集团有费钧德这样的带头人感到骄傲，为费钧德的梦想成真而感到高兴。社会上人们往往会有生在福中不知福的现象。我们孙桥有十多名干部职工在界龙企业工作，他们十分羡慕界龙村的职工，羡慕界龙村的村民能享受诸多社会福利，这是其他村镇无法比拟的。

每当我们看到每月20日界龙村的800多名退休农民、退休职工早早来到村委会领取每月每人平均600元以上的生活补贴时；每当我们看到界龙村的村民生病住院后每年1月份能报销自费部分的80%时；每当我们看到从村委会门口可直接乘1047、1055、1056路公交车通往川沙、迪士尼乐园、唐镇地铁站时；每当我们看到界龙村引进有证的民宿公司，为36家村民办起民宿，增加收入时，我们觉得界龙村的村民、界龙村的企业职工真幸福。饮水思源，吃水不忘挖井人。

界龙村的村民过上了富裕的好日子，他们是永远不会忘记他们的引路人费钧德的。草感地恩，方能其郁郁葱葱；花感雨恩，方得其万紫千红。界龙村的村民真心实意地感谢党的改革开放的好政策，也要感谢带领村民走共同富裕的引路人费钧德。

作　　者：陆雨欣
策　　划：唐根华
创作格言：人生就像一道多项选择题，困扰你的，往往是众多选项，而你只要选择其中一项，勇敢顽强地坚持下去，必定会有出色的成绩，会有美好的未来。

两步妙棋　让界龙腾飞

——记艰苦创业阶段界龙企业掌舵人费钧德

　　下棋的人都知道，如果你走了一步臭棋，步步被动，丢车丢马不说，步步紧逼，最后陷入一败涂地的境地；而如果你在关键时刻走了一步妙棋，不但盘活了全局，然后步步主动，最后必定是锁定胜局。下棋是如此，费钧德办企业也是如此。

　　1979年，费钧德的二儿子费屹豪出生。为什么取这个名字呢？其用意：一是自豪。1978年十一届三中全会以前，上级领导说他悄悄办工业是走资本主义，但三中全会决定搞改革开放，分地包产到户、农村办的企业要支持，也要帮助他们办好。所以费钧德感到他们以前走的路没有错，而且走在其他乡村的前面，感到自豪；二是要出人头地当富豪。农民要富起来，他的内心开始激荡起一个雄心勃勃的梦想，靠自己经营致富，要在村里当首富，成为名副其实的富豪，做别人不敢做的事情；而且自己家富起来之后，要带领大家一起富，让村民都能过上富裕的好日子。

一

随着全国改革开放的步伐不断加大，各行各业发展蒸蒸日上。印刷行业同样是欣欣向荣，日新月异。1984年，中央正式发文将社队企业改名为乡镇企业，明确鼓励乡镇企业发展。界龙彩印厂在外贸包装领域获得巨大成功，川沙地界各个村及个人都看在眼里，都纷纷争着办印刷厂。一时之间，各乡各村新办的印刷厂犹如雨后春笋，光川沙县就前后办起了大大小小100多家，单是黄楼地区就有60多家小印刷厂。

就在这个1984年，原黄楼公社界龙彩印厂更名为"上海界龙彩印厂"，费钧德任厂长。他牢记古代的孟子曾经说的："天将降大任于斯人也，必先苦其心志，劳其筋骨，饿其体肤……"于是，他果断地提出以包装印刷业务为主营业务，主攻外贸业务的经营战略；大力引进国际先进技术设备并搬迁扩建新厂房；引进专业技术人才和管理人才三大举措。

面对蜂拥而上的竞争态势，费钧德厂长脑子非常清楚，只有将企业80%以上的印刷主营业务放在高质量的国际包装印刷业务上，牢牢抓住外贸业务的龙头，方可立于不败之地。

但这时，界龙彩印厂使用的还是国产的印刷设备，印制的产品质量远远跟不上国际市场的要求。费钧德厂长为此积极谋划，希望从发达国家引进四色以上的大型胶印机。这种大型设备当时国际市场价每台需要120万美元，而那时国家外汇异常紧缺，外汇管制非常严格，别说当时小小的川沙县根本拿不出那么多的外汇来，当时的国家政策也有很死的规定，对乡镇企业进口大型设备一律不批，说没有这个先例。

怎么办呢？费钧德积极开动脑筋，广泛咨询。后来他在上海外贸局和上海包装进出口公司领导的指引下跑到北京，向国家外贸部求援。凭着界龙长期以来积极参与外贸战线产品包装印刷，业内有口皆碑，界龙在外贸部还有点小名气。这时，外贸部官员为他出招、指点，建议上海界龙彩印厂与中国包装进出口总公司搞联营。因为只有外贸系统的联营企业，和他们搭上关系，才可以获得外汇指标，国家机械部方可审批进口大型印刷机器。

思路有了，关键就是怎么具体操作，这步棋该怎么走。费钧德回来后冥思苦想了好多天。他认为要与中国包装进出口总公司和上海包装进出口分公司搞联营，总要给这两家单位一点利益才行。于是他走了一步妙棋，提出了一个大胆的计划：那就是借船出海，送股扩容，即界龙赠送40%的资产给中国包装进出口总公司和上海包装进出口分公司，变成他们的股份，成立三方联营的上海外贸界龙彩印厂。当时界龙彩印厂的总资产是250万元，送出去40%，就是送出去100万元钱作为联营的股份，方可拿到120万美元的购汇额度！这好比100万元只是买了一张"认购证""入场券"。这在当时好多人看来，拿股份换购汇指标的这个想法实在太大胆了，特别是村里一些干部和村民一时议论纷纷，说什么都有。他们觉得费钧德是吃里扒外，甚至是异想天开，哪有这样把真金白银拱手相让的吃亏买卖……然而，为了企业的发展，费钧德却认准了这步棋，可谓是"吃了秤砣铁了心"。村干部和村民们也因此看到了他的决心和信心。

俗话说：舍得舍得，有舍才有得。只有付出，才能有收获，付出越多，收获越大；不想付出，哪儿来收获呢？费钧德反复琢磨这个道理，心中豁然开朗了。他坚定地认为，这是一步好棋。虽然也许是一步险棋，但他非走不可了。

不久，他的这个大胆设想获得了领导班子的一致认同。1987年8月1日和1988年10月20日，上述两家公司分别加盟界龙，签署了联营协议。为进一步发展，充分发挥工贸双方的优势，同时他们把厂名改为"上海外贸界龙彩印厂"。从此，界龙企业走上国集联营的道路。事实证明，费钧德的这步棋没有走错。进口机器设备投产后，印刷品的质量很快获得了海内外客户的认可，界龙的声誉迅速盖过各路竞争对手，产品订单像雪片一般纷纷而来。1989年，上海外贸界龙彩印厂的年产值猛增至2589万元，利润达385万元。只花了短短一年多时间，界龙就收回了120万美元的投资。从此，界龙的发展真正步入良性发展的轨道，这是界龙第一次腾飞。

二

企业逐渐步入正常轨道，呈现一派欣欣向荣的景象。正当人们安于现状之时，费钧德再次走了第二步妙棋——申请上市。

推动界龙上市，费钧德不是一时的心血来潮，他是借鉴原川沙申华电工上市的经验。他经过深思熟虑和反复论证之后认为，包装印刷行业是一个朝阳产业，股民一定会喜欢，虽然获利不大，但"饭"是吃不完的。于是费钧德下定决心，下好这步棋，向公众募集资金。

其实选择上市对费钧德而言，更多的是无奈。费钧德坦言，界龙要发展，缺的就是资金。在早期，像界龙这样的村办企业是享受不到国家的优惠政策的，相反还会遭受许多不平等的对待和限制，最明显的是来自银行的不信任。得不到银行的财力支持，界龙必须打开另外的融资渠道，而上市募集资金是最好的办法。

除了打破资金瓶颈的考虑，费钧德谋求界龙上市还有另外一个原因。当时的界龙每次投资扩大生产规模，都会遭到一批"小富即安"的农民经营者的反对。这也使得费钧德在每次投资前都要考虑再三，毕竟投资有风险。如何推动企业改革，逐步向现代企业制度靠拢？如何使企业在社会监督下减小风险？上市不啻为一种途径。

1992年下半年，界龙向市里提出上市申请，市里表示支持，并将此上报国家有关部门，1993年10月批文下达，界龙的申请得到了批准。经过紧锣密鼓地筹备后，在1994年2月24日，界龙实业在上海证券交易所正式挂牌上市。作为中国第一家由村办企业改制的上市公司，界龙实业赢得了"中国农村第一股"和"中国印刷包装行业第一股"的美誉。

"当时的投资很小"，费钧德说，"总共5000万元资本，为5000万股总股本，其中3200万股为发起人股，另外1800万股向市场募集资金，每股4元，总共募集到7000多万元资金。"此后的一年，界龙实业以接近20%的速度前进，成为界龙创业史上发展最快的一年，这是界龙实现的第二次腾飞。

在1993年到1995年间，利用上市公司增配股的政策募集和自有资金共2亿多元，界龙实业在其母公司界龙集团的支持下，先后独资或合资创办了上海界龙永发凹印公司、上海界龙浦东彩印公司、上海界龙印刷器材有限公司、上海印铁制罐有限责任公司等专业性的印刷企业。加上此前创办的上海外贸界龙彩印厂、上海龙樱彩色制版有限公司、上海界龙印刷装订厂，总共9家印刷企业。为了避免重复投资和资源浪费，费钧德又对麾下企业的产品结构进行了调整，使企业在印刷这个大范围下，各有侧重。比如，外贸彩印厂以生产外贸出口彩色销售包装为主并配套大中型瓦楞纸箱包装，浦东彩印公司以生产快销品、药品纸盒包装为主，而印刷装订厂以印制精美书刊、画册为主……

有人说，费钧德是运气好，每走一步都很顺利。其实这世界上没有一帆风顺的企业，也没有一个不经过风风雨雨的考验、久经磨难、筚路蓝缕的企业家，关键的是当遭遇坎坷与困难时，要勇于面对，大胆地闯，奋勇前行，科学决策，并要发挥领导班子和全体职工的积极性和创造力，群策群力，迎着困难，不折不挠地向前挺进，让界龙不断腾飞。

几年之后，界龙实业的资产由当初的5000万元扩大到2006年的10亿元，市值达20多亿元。

如今，界龙集团总资产超过40多个亿。经过45年发展，界龙已建立起完备的综合服务体系，拥有十多家专业纸包装印刷工厂，涵盖包装、出版、商业印刷和综合纸制品，特别是2016年，在现任上市公司董事长费屹立（费钧德大儿子）的开发创新下，开启了以纸代塑的新型包装材料、纸模塑产品，而且自主研发纸模塑的模具、机械制造等专业设备。上海界龙实业集团形成策划、设计、制版、印刷及印后加工、专业模具、机械、物流配送一体化服务的产业链，先后获评"首批国家印刷复制示范企业"、"中国印刷百强企业"前十强和"中国纸包装50强企业"等重要荣誉。现阶段，界龙集中投资纸膜塑基地产业群，先后在重庆、合肥、姜堰、昆山、奉贤5个地区战略布局，建立起50公里半径配套服务圈；投资10亿元，精心规划、打造浙江平湖"智能化、数字化、绿色化"综合产业基地；推进产业转型发展，精心打造约30万平方米的文化创意产业园等。

作　者：陆雨欣
创作格言：人生就像一道多项选择题，困扰你的，往往是众多选项，而你只要选择其中一项，勇敢顽强地坚持下去，必定会有出色的成绩，会有美好的未来。

军功章上也有你的血汗

——费钧德的婚姻

何谓婚姻，男女双方因结婚而产生的夫妻关系，这在人类发展的历史上，都会经历婚姻这一关键性的历程，这是人类繁衍后代、推进社会发展的必经之路。

一

此文的主人公费钧德和另一位女主人公吴宝珍是1971年开始认识的。那年费钧德已是26虚岁，这在农村，在界龙当地，已经是标准的大龄青年了，他身边的同龄人几乎都已经结婚生子，成家立业。

但费钧德在遇到吴宝珍之前，一直没有合适的对象。为什么呢？归根到底，最大的一个原因，就是一个"穷"字。另一个原因是住房很小，家里五个男孩子、加上父母双亲，总共才三间房子，按户分配的话，每个儿子只能住半间房子。两个困境碰在一起，而且是最最主要的问题，要想成家肯定要再过几年才能考虑。他从小家境贫困，家庭成分差，说起来真有点讽刺意味。土地改革时，政府把他的爷爷评为大地主，而他父亲弟兄三个被评为富农成分。解放后实际情况家里穷得叮当响，生活很苦很苦。他家兄弟五个，还有一个姐姐，共六个，他排行老五，日子过得非常艰苦窘迫，经常吃不饱穿不暖。1961年，正是"国家三年自然灾害"时期，村里大多数人都吃不饱，他父亲吃木排草根和菜根（黄芽菜、卷心菜根）果腹，结果造成急性肠梗阻，肠子穿孔，到医院来不及救治，撒手人寰。当时他父亲只有49岁，连50岁都没有活到，真是非常可惜。

那时费钧德才14岁，刚刚开始懂事。父亲的过世对他们这个家庭打击实在太大，那时他还在县城川沙中学读初中二年级，别人家的孩子正是蹦蹦跳跳欢乐任性的时候，还不知道愁是啥滋味；而费钧德却深深地感觉到，家庭经济的沉重压迫使他有点喘不过气来。第二年，也就是1962年他初中毕业，当时想报考中专或技校，而那时只有一个选择，考高中读书。但读书交不起学费，又没有助学金，当时也正好国家在动员和号召学生插队落户，上山下乡、工人、教师下放农村时期，费钧德的母亲决定让他回乡种田。后来他听从了母亲的意见，回家乡界龙三队务农。回家种田后，当时社会上运动一个接着一个。毕业不久，农村"四清"运动开始，"地富反坏右"五类分子到处被批斗。家里穷，又是家庭成分的限制已经无法让他继续读书，只有回家务农。

在家务农三年光景，因为是男劳力，主要干挑黑污泥、挑稻和麦、挑肥料等重活，特别是挑低水田里的湿稻去打谷场，上肩挑时要用一股狠劲才能上肩膀，由于年纪轻、用气、用力不当，造成了腰部扭伤和胸部摒伤（摒伤是干重活时呼气吸气没掌握好造成的）。因为身体不好，所以1965年下半年到 1966 年上半年，他只好连续在家养病休养了将近一年。

农村劳动，非常辛苦。每天出工，下地之前都要参加升旗仪式，唱国歌。"文革"开始，政治队长还带领大家学习毛主席语录，开各种学习会。尽管如此，每年辛苦劳动的收入，得到的工分值又非常低，常常到年底分红时反而亏欠队里很多，等于一年白辛苦了一场。费钧德记得很清楚，1966 年那一年，他们全家拼死拼活全年收入仅 150 元，但一家三口用去生产队的粮食柴草等，折算成钱却要每人 60 元，反而透支队里 30 元。

所以说，一个"穷"和没有婚房压得他全家喘不过气来。记得 1967 年他 20 刚出头，家里婶婶等亲戚就张罗着，要为他找对象，他一直没有答应。一来是自己家庭出身不好，经济条件差。二来本村姑娘中条件好的成分高的也不愿意嫁给他；成分低的姑娘又太老实，他有点心高气傲的，觉得自己是读过书有点文化的小知识分子，还有点儿看不上。其实，说来说去，他的缘分还未到。

总之，受到当时政治大气候和农村小环境的各种影响，一直没有遇到合适的对象。其实也许最主要的，当时他的心思还不在找对象这上面。现在想想，这一切都是缘分注定，似乎都是老天爷安排好了的。

二

这样一直到他 26 岁，婚姻的机遇出现了，命运让他碰上了吴宝珍。

当时杜坊八队的表哥顾银德，通过他的亲戚高桥村四队的农业劳动模范薛田生介绍，让费钧德去相亲，就此认识了城镇公社虹桥七队的吴宝珍。那天下午相亲，彼此相见的那一刻，他和吴宝珍真可谓是一见钟情。她端庄秀丽的气质，落落大方的态度，和一般农村的姑娘很不一样，一下子吸引了他。也许当时真有老天爷牵线，彼此都有莫名的好感和信任，觉得双方都有神灵保佑，可以放心地走到一起。就这样，他们俩开始正式交往起来。

老话讲："同是天涯沦落人"，相识之后才知道，他们都是苦命的人。

见面的第一次，宝珍就毫无保留、诚恳坦率地介绍了她家的家庭情况。

宝珍比钧德小4岁，1950年出生在市区虹口宝昌路。她的父亲名叫吴荣生，因为在解放前国民政府时期加入过所谓的中统组织，其实就是在南汇地区当过一个普通的警察。为此，解放后，她父亲接受政府的审判和改造，被判刑5年，缓刑5年，后分配在虹口的震旦消防器材配件厂当销售员。因为这样的历史问题，1959年厂里按照上级的要求，名义上叫人口疏散，实际上是将他们一家五口遣送到老家农村安置。回到川沙县城镇公社虹桥大队第七生产队，本来老家在虹桥六队的，但因一无所有，根本无法落实安置，后经大队协商，虹桥七队有两间牛棚的毛草屋空着，就安排他们一家五口（她父母加姐妹三个，还有一个弟弟在母亲肚子里）在虹桥七队落户当农民。

她们一家开始根本没有房子，只能借住在五保户原来养牛养猪的两间草屋里。屋漏偏逢连夜雨，他们全家回到农村的当晚就是一场大雨，草屋漏得厉害，雨水和草屑全倾倒在全家五个人身上，只能撑着伞过夜。外加由于水土不服，除了父亲以外，母女四人不久都皮肤过敏肿得厉害，甚至还有溃烂。那个养猪的破草屋里连煮饭的像样灶头都没有，就临时用砖头和稀泥很马虎地搭了个行灶，烧起饭来满屋子冒烟，烟熏火燎，呛得人两眼都流泪水。过惯了城里生活的人，一下子要面对如此恶劣的农村生活环境，这日子过得可想而知。

当时，宝珍刚满10岁，是家里老大。妹妹爱珍5岁，和珍只有3岁，最小。刚回农村时，宝珍的父母亲农活都不会干，母亲又怀孕在身，全家一天只能挣8个工分。

当年国庆节，宝珍的母亲生下了弟弟，取名吴国庆。又过了三年，生下了最小的弟弟国兴。家里负担骤然加重，实在没有办法，母亲只好回到市区，给城里人家去做奶妈，用她挣来的微薄收入贴补家用。直到1966年"文革"开始，母亲才被迫回到虹桥老家。因此小弟弟吴国兴只吃了一个月的奶，全靠宝珍姊妹和父亲一起帮忙把他养大。

都说穷人的孩子早当家，一点不错。宝珍是家里的老大，就这样，生活的重担过早地压在她肩上。1962年，也就是弟弟国兴出生那年，宝珍小学五年级，家庭经济实在困难，她没有办法，只好辍学。十二三岁的孩子，对大多数人来说，还是上学求知的年纪，而她却开始与大人一样去做工，每天到大队里用稻草包裹农药扎瓶套。她足足扎了一年瓶套，好不容易积蓄下5元钱，为家里打造了一座新灶头。这对宝珍来说，可是人生的一桩大事。这笔钱宝珍记了一辈子，多次和钧德说起，这是她第一次为家庭做的贡献，她很自豪。

她们一家借住五保户的两间破漏草屋，房东家还要收房租。后经生产队协调，以100元钱卖给宝珍家，每月要还两元钱，分几年还清。虽是如此，对他们家来说依然是个不小的负担。于是两间草屋，一间里面半房半灶，一间用来养猪。平时父亲到队里出工干活，家里一切家务都由宝珍负责操劳，既要照顾年幼的妹妹弟弟，还要斫猪草、煮猪食，脏活累活样样干。

由于母亲在上海市区当保姆，因此宝珍还经常挑个扁担从川沙一路走到浦西来回跑，将母亲挣得的家用和一些生活必需品扛回川沙。有一次，她妈妈好不容易弄到20斤煤球，让宝珍拿回来，结果在轮渡上被警察拦下检查，不由分说，将煤球悉数充公。当时据说城市计划供应的煤球不能运到农村，也有到农村倒卖的嫌疑。年幼的宝珍无处申辩，又伤心又惊吓，身心大受刺激，回家生了一场病。

那会儿，她家的艰苦真是无法形容，困难到大姑娘月经来后，甚至连卫生纸都买不起，只能用破棉絮代替。等她长到十七八岁时，队里别的姑娘到川沙镇上去玩，都会带上几元零花钱，而宝珍只能带五六分钱，节省得连零食都舍不得买。有时去一次川沙，宝珍连一分钱都舍不得花。她那刻苦耐劳，勤俭持家的能力，就是在这样困顿的环境中从小锻炼出来的。

有时候，面对这样的困境，年轻的宝珍，在精神上的烦恼也非常大，她也曾产生过苦恼和迷茫。当时又正逢她青春成长的年龄，宝珍热情活泼，喜欢唱、喜欢跳，热爱文艺。因此有一度她想离开这个家，走出去，通过改变周遭的环境来改变自己的出身，改变自己的命运。于是宝珍20岁那年，积极响应政府号召，坚决要求报名去云南建设兵团，去支援边疆建设。但她当时实在是家里的顶梁柱,母亲长期在市区当保姆,两个妹妹两个弟弟都需要她拉扯照顾。尤其两个弟弟还小,还经常夜里尿床呢,家里实在少不了她。因此当她母亲得知宝珍要去云南的消息,心急如焚,马上从市区赶回川沙,一边对她进行劝阻说服,一边赶到乡镇政府说明情况,最后才让宝珍打消了去云南的念头。就从这一点来看,宝珍是一个舍得奉献自己,有着极强家庭责任心的人。

如果她去了云南,那钧德就要错过与宝珍这桩美满的婚姻了!

虽然家里如此困顿,宝珍从小的家教却很好。她继承了父母教导的优良品质,有爱心,识时务,懂大体。宝珍的父亲经常教导她们,人穷志不穷。意思是说,衣服旧点不要紧,只要用水勤洗洁净;房子破点不要紧,只要天天打扫干净;人穷一点不要紧,只要注意清洁卫生,照样身体健康。因此不管家里如何贫苦,他们家依然保持着非常良好的卫生习惯,把屋里屋外打理得井井有条。这点宝珍最小的弟弟国兴最有体会,他属老虎,比宝珍整整小一轮,是宝珍从小把他带大的。宝珍给他喂奶糕、剃头、洗衣服、洗澡、挖耳朵、剪指甲,浑身上下弄得清清爽爽。国兴还记得,大姐宝珍经常把地板擦得一尘不染,有好几次还看到她趴在地上,借助侧面月光看地上有啥残留灰尘,哪怕一根头发丝也不放过。

在弟弟妹妹眼里,宝珍在家里拥有绝对的权威,国兴和哥哥国庆都说,在家里他们唯独叫宝珍"阿姐",叫其他两个姐姐都是直接叫名字的。小时候两个弟弟难免调皮,但只要大姐一声命令,他们马上就规规矩矩,不敢吭声,小哥俩从心底里害怕大姐、服帖大姐。大夏天,两个男孩子去河里游泳,宝珍拿根竹杆或者棍子来赶弟弟,叫他们上来,兄弟俩就乖乖地爬上岸来。也由于长期以来宝珍养成的这种责任心,甚至发展到后来变得有些神经过敏了。好多年以后,尽管弟妹们已经很大了,她依旧分外操心。每当村里发生有人打架或车祸什么的事情,她都非常紧张,总要上前去打探一番,担心有没有自己的弟弟妹妹在里面。

"文革"开始,宝珍母亲不能再在城里做保姆了,被迫回来务农。可是她母亲虞引娣一直是家庭妇女，从来没有干过农活，没有经验。有一次在生产队劳动，一根秤杆正好砸中她的头部，导致严重的脑震荡，住院躺了两个多月才康复。之后在1967年，她又在做农活的时候受伤，这些意外对宝珍家而言，可说是雪上加霜，一直喘不过气来，家庭条件始终得不到明显改善。但宝珍非常坚强，从不气馁，对生活充满热情和希望。

上个世纪70年代初，吴宝珍已是出落得亭亭玉立的大姑娘。她美丽而勤快，贤惠而坚强，来她家提亲的人络绎不绝，但终因缘分未到，她都没有看得上。

22岁那年，自从宝珍和钧德相识相知相恋之后，她把自己的这些家庭情况向他毫无隐瞒、和盘托出。钧德了解宝珍的这些家庭背景后，也从没有退缩过，反而更加钟情于她善良的性格和吃苦耐劳、勤俭持家的精神，以及非凡的责任心。他也很欣赏她的聪明伶俐、善于表达，并且能歌善舞，擅长文艺。在待人接物方面，宝珍更是得体大方，爽直干练。这让她与同龄人相比更显得有一份独特的气质和魅力。

俗话说：有情人终成眷属。就这样，他们很快走到一起。没过几个月，第二年的春天，钧德和宝珍订了婚。1973年的春节，他俩正式结婚，生活从此翻开了崭新的一页。

三

结婚时，宝珍的嫁妆只有两条棉被和一台半新旧的梳妆台，这对现在的年轻人来说简直无法想象。当时虽然显得有些寒酸，但费钧德的婚房在母亲的协调和两个大哥哥的支持下（因为两个大哥哥都在市区工作，而且都在市区借房子结婚生子，老家的半间房子分别借给三哥和钧德做婚房，这样钧德结婚时总算有了20平方米房子再分隔成半房半灶，一间房子可以结婚生子了）。但婚后宝珍包揽了所有家务，马上成为家里的主心骨。开始时，他们小夫妻还和他母亲、弟弟财德以及他哥哥的女儿住在一起，生活在同一屋檐下。宝珍洗衣、养猪、带小孩什么都干，一直到他弟弟财德结婚后他们才分开住，独立门户。一家人生活在一起，和和睦睦，他母亲对这个媳妇很是满意，婆媳关系处得非常融洽。宝珍不但吃苦耐劳，而且很讲究卫生，不但家里的水泥地板每天擦得干净锃亮，收拾得干干净净，她还时常督促家人洗澡。因为她，钧德也养成了经常洗澡的好习惯，这在以前农村可以说是少有的。

证地说，费钧德之所以这么晚才结婚，还有一个很重要的原因，就是他一门心思想办厂，发展农村企业，想以此来改变自己和周围农民的贫困境地。

1968年，在费钧德的大力建议下，界龙大队筹资500元，建立小五金加工厂，专门加工非标螺丝、螺帽，至1973年，全年加工收入达5.4万元，利润1万多元，费钧德作为厂里的骨干业务员，迈出了创业的第一步。

1973年，这是一个值得永远记住的年份，因为费钧德三喜临门（实际上可以说完成了三件大事）！第一件事：这一年春节年初四，结婚大喜。第二件事：这一年的11月14日儿子顺利出生，当时夫妻二人为儿子取名字也有一段故事。费钧德提出，当时"文革"期间，有些贫下中农举报，说在走资本主义道路办工厂，人民公社主要领导下来批评我让我关厂，不要走资本主义道路，但大多数老百姓和干部支持我继续干下去。费钧德也认为这条让老百姓就业和富裕的路不会错的，所以刚出生的儿子提名为要屹立在世界东方，名字就叫费屹立，妻子吴宝珍也说好！第三件事：费钧德在大队领导的支持下，由他负责筹备，大队出资1000元从上海人民印刷二厂购得2台旧圆盘机和其他辅助设备，在30余平方米房间创办了黄楼公社界龙大队印刷组。从此，费钧德成为界龙大队企业的主要骨干，真正走上了创业之路。费钧德与吴宝珍结婚之后，丈夫为了创办企业，整天早出晚归，忙里忙外。作为妻子，既是娘家的栋梁，又是新家的主心骨，她担负起孝敬婆婆，呵护、培养孩子的责任。

随着界龙企业不断发展壮大，界龙村逐渐成为远近闻名的富裕村。1974年，吴宝珍沐浴着阳光走进了界龙小五金厂。在厂里，她以身作则，很快得到了群众的认同。1979年起担任了界龙烫手帕组组长。从1983年起，担任界龙彩印厂糊盒车间主任。1984年，费钧德担任界龙彩印厂厂长之后，他一心扑在事业上。也是在这一年，界龙彩印厂进行了第一次重大技术改造，从国外引进了先进的机器设备，急需大量业务人员才能满足新的生产能力的需要。吴宝珍为了及时解决厂内急需业务员的矛盾，主动提出离开车间管理岗位，毅然去当一名业务员。吴宝珍从制版、印刷工艺、洽谈业务、报工价、订合同、分析产品质量，一道道从头学起，攻克了一个个难关；为了争取客户，她想尽千方百计，说尽千言万语，历尽千辛万苦，为企业拿回了一笔笔业务。在十多年的业务员生涯中，吴宝珍从最初年销售几十万元一直增加到1600万元，足迹纵横大江南北，她始终是工厂的骄傲。她风里来雨里去，从不叫苦，也从不以厂长爱人、书记夫人的名义自居，与所有的业务员一样，默默地为界龙的经济发展做出了贡献。1997年到1998年，面对东南亚金融危机的冲击的影响，许多业务员一筹莫展。但是，吴宝珍迎难而上，她不分白天黑夜，不辞劳苦地发展新客户，一年就赢得了300多个产品的包装业务，销售额不减反而有所增加，资金回笼保持全厂第一的纪录，成为整个界龙集团公司业务员中的佼佼者。即使在她病重的2000年，依然保持着900万元的业务量，且收款之及时，仍为全厂第一。她连续10年获公司的"先进工作者"称号是对她最好的评价，连续6次（12年）获得的"上海市三八红旗手"荣誉是对她最大的鼓舞。默默奉献，默默劳作，她对社会、对家庭永远充满着责任感。

从1987年10月起，费钧德陆续担任界龙村党总支书记、党委书记、界龙集团董事长，是个赫赫有名的农民企业家。但是，作为他妻子的吴宝珍，无论是在丈夫的艰辛创业阶段，还是丈夫事业有成时，她始终保持了农村妇女的勤俭善良和共产党员的艰苦奋斗精神，从不躺在丈夫的功劳簿上享清福。相反，她以通过自己奋斗获得业绩，与丈夫相携并进。她为人低调，态度和蔼，对丈夫工作给予大力支持，生活上悉心照顾。吴宝珍是个贤内助，28年来，他们夫妻之间没有拌过一句嘴，没有红过一次脸。在社会上送礼成风的环境里，吴宝珍常常关照费钧德，不要忘记党的教导，群众的信任，做一个廉洁奉公的好干部。当费钧德在工作上遇到为难时，吴宝珍总是耐心地宽慰他，帮他排难解惑……界龙的今天，有她的功劳；家庭的兴旺，儿子的成长，有她的全部贡献。这位平凡而美丽的女性，她把关爱体贴给了丈夫；她把无私的母爱献给了孩子；她把孝心献给了长辈；她把关怀的情意献给了界龙的村民职工。

更难能可贵的是，在界龙村民心中，吴宝珍是个事业上的女强人，她乐善好施的品格同样也是有口皆碑的。厂里职工住医院，她会主动去探视、帮助找医生；职工生活有困难，她会掏腰包接济。在界龙，流传着这样一段佳话：一位老年村民腿脚不好使，家里又困难，拄一把雨伞柄当拐杖用。吴宝珍发现后的第二天，就专程到市区城隍庙买了一根好拐杖，晚上送到了这位村民的床边。1998年，长江和松花江发生了百年不遇的洪灾，吴宝珍在不同场合捐了5000多元现金，还拿出了5条棉被、31件衣裤。

根据吴宝珍在界龙彩印厂骄人的销售业绩和与人为善的品格，1998年，她的事迹被编入由全国妇联编纂的《90年代中华巾帼大典》一书。1999年，她的事迹被编入由上海市妇联编纂的《金秋回响》一书。

超负荷的工作量和过度的劳累，让吴宝珍于1998年得病了，1999年春节进医院动了手术。但由于她忙于工作，没有很好地休息，术后恢复得很慢，人也消瘦了很多。紧接着1999年国庆节后开始咳嗽，10月底经检查她又患了肺癌，住进了医院，但不能开刀，只能化疗。后来又发现癌细胞已转移至脑部及脊椎骨等多个部位，因医治无效，于2001年2月14日离开了人世。800多名干部、群众从四面八方赶到殡仪馆为她送行。2001年4月2日，费钧德怀着崇敬的心情托人把2万元捐款交给川沙镇帮困基金会，了却了他相濡以沫28载的好妻子吴宝珍的最后一个心愿。这笔捐款是吴宝珍在即将走完51年人生道路前，于弥留之际，向家人提出的最后愿望。

说实话，中国的婚姻，属于凑合型的家庭为多数，而真正幸福美满型的家庭实属少数，唯独费钧德和吴宝珍的婚姻纯属少数家庭之一。他们相互倾心，你敬我爱，相敬如宾，携手偕老。钧德把他的爱都倾注在事业上，让他所喜爱的企业蒸蒸日上，日新月异；而宝珍呢，她不但在家庭里是个贤内助，相夫教子，夫唱妇随，克勤克俭，而且在事业上也是丈夫的好帮手，他们俩相濡以沫，风风雨雨走过了28个春秋。他俩美丽的心灵永远让人崇敬与尊重，激励着人们奋勇向前！

作　　者：陆雨欣
创作格言：人生就像一道多项选择题，困扰你的，往往是众多选项，而你只要选择其中一项，勇敢顽强地坚持下去，必定会有出色的成绩，会有美好的未来。

村企联动　振兴家乡

——记上海界龙集团董事长费钧德

富于创造是费钧德创办企业以来的一贯追求，也是不断实践的要求；富于创造，企业才有活力，才有昂扬奋进的勃勃生机。

在上个世纪60年代，费钧德在界龙村开始探索创办企业，并走上了一条发展工业，"以工补农""村企联动、振兴家乡"的社会主义新农村的建设之路。

改革开放40年，祖国变化天翻地覆，界龙腾飞，就是一个生动的缩影。上个世纪60年代，界龙村穷得叮当响，费钧德自初中毕业后回家乡务农，对此深有感触。界龙村有1000多户人家，3000多村民，劳动力1100多个，种植耕地1800亩。那时年收成最好的每亩产出才100元，"一个人一年的开支超过种地的收入,辛辛苦苦一年,全家还倒欠村里30元。"费钧德如是说。尽快在农村办工业,是摆脱贫困的最好途径,"以工补农"是费钧德的心心念念、一门心思办企业是费钧德的初衷。

1968年,村里原来有个农机修配站,费钧德想方设法接了一些小五金加工的活,第一笔业务是加工了一批非标准的螺丝螺帽(螺丝帽行业有两种,一种称标准件,还有一种称非标准件),5天赚了35元,相当于500斤麦子的价钱。到1972年,农机修配站年利润已达到2万元,村里添置了拖拉机、收割机。村民的劳作负担减轻了,地里收成上去了,村里的日常开支可以不向农民摊派了,村民"吃不饱"的问题也解决了。

1973年,村里办起了印刷厂,第一笔业务是加工一批"六六六农药"的包装纸袋,纸袋上要印各种规格的使用说明,每印一个纸袋的加工费是一厘,厂里的两台圆盘机,一天可赚20元。算了一下,印刷业务比小五金加工厂更能赚钱。

那时上海的手帕已经做得很漂亮,但都是一打装、五打装这样的大包装。国外市场要求供货商把手帕分装成小包装,装在透明的包装盒里。费钧德回忆,今天看来极其普通的PVC包装盒,那时别说不会做,连见都没见过。但界龙人贵在有探索精神,有一股韧劲。印刷厂招收了一批村民,买了100个熨斗,将手帕一条一条熨平,还折出树叶、领带、蝴蝶等形状。这些手帕由于包装精美,在第一笔外销生意中实现出口多创汇了22万美元(原来出口一打12条手帕3美元,现在经小包装后,三条手帕一个包装盒出口,也卖3美元,所以就这一批,外贸出口公司多赚了22万美元)。事迹上报到国家外贸部,小厂的名声也在外贸领域传开了。外贸部门总结说:"一个村办的小工厂开创了一体化服务的新模式。"

1993年成立了全国第一家由村办企业改制上市的上海界龙实业集团股份有限公司(以下简称"界龙实业");翌年2月在上海证券所挂牌上市(股票代码:600836),赢得了"中国乡村第一股"的美誉。从此,界龙企业走上了经济发展的快车道。

加快企业发展，增强村级经济实力

在坚持包装印刷为主业的原则下，借助地理优势，从 1993 年开始适度发展房地产，带动建筑装潢业发展；与上海大企业联营，创办金属拉丝厂，专门生产纺织用钢丝；又创办贸易与食品企业；利用界龙的土地资源搞绿化工程、种植苗木、申办公墓园区；把旧农场、养殖场的旧房拆建改造为新房出租等等，多条途径增加收入，村经济实力不断增强。

有了这些相当规模的包装印刷企业，多元发展的企业群，销售与利润稳定增长，为界龙村级经济的持续发展迈出了重要一步，改变了千百年来农民脸朝黄土背朝天的农耕生活，使传统的农业手工劳动转变为以机器生产为主，使界龙村经济由农业单一种植业结构转变为以工业为主，第三产业、第一产业为辅的多元产业结构。界龙集团经济的发展大大推动了科学技术在农村的应用和普及，也使传统农民转变为现代化产业工人，有力地促进长期以来的二元结构向着城乡一体化前进。村企联动、振兴家乡，使界龙村的面貌发生了质的变化。可以说，创办企业，是壮大实力、建设社会主义新农村的根基，是界龙村领导工作的基本点。

界龙村在 20 世纪六七十年代，就自发地突破"左"的政策限制，创办工业企业，另一方面原来的 1800 亩耕田，对全村村民进行确权之后，由村长直接负责鼓励有种田经验的农户自愿承包责任田，类似家庭农场一样，农业机械完全由村投资组建农机服务队，承包农户需要时，有偿为他们服务，这样形成了十多个家庭农场（承包户）。承包户只需交付承包田每亩 400 斤毛粮，其余剩下的全部为承包户收入，如每亩田每年产出 1000 斤粮食的话，他们自己的收入为 600 斤。这样，一般家庭农场承包 150 亩—200 亩田的话，他们收入为 600 斤 × 150 亩 =9 万斤（按承包 150 亩计算），他们收入 9 万斤粮食，按国家收购价去计算，每斤 1.2 元，9 万斤的话是 11 万元左右，再去掉肥料、人工等成本当 60%，这样，一个承包户可年收入 4 万多元。当时家庭收入万元户的话，已很满足了。从此界龙村走上了一条自我发展、村企联动、"以工补农"的社会主义新农村建设之路。界龙集团（即原来的上海界龙发展有限公司，是包括界龙实业在内的26家企业组成的集团公司），经过近50年的创业和积累，总资产超过50多亿元，年劳均收入3.6万元。以强有力的经济实力，反哺农民，支持界龙村两个文明建设。如今，村每年可支配财力4000多万元，村资产（包括现金存款）达到2亿多元，村民年人均收入3万余元，全村无贫困户、无失业人员。

在社会主义新农村建设的道路上，费钧德创造性地提出"村企联动、振兴家乡"，这是许多农村经济建设取得成功的可贵经验。

反哺农民，逐年提高农民收入

因地制宜，创办企业，既改变了农村传统农业的产业结构、发展了农村经济，又加快了农村工业化和村民非农化步伐。

一是发展农村经济与解决农民就业相结合，保证农民就业稳定。界龙创办工业的初衷是让农民像城市工人那样进入工厂，能够丰衣足食，有稳定的收入。同时因囿于资金、人才、技术的限制，所办企业大多属于劳动密集型企业。随着市场竞争的深化，产业升级，产品更新换代，大量引进人才和技术，产品技术含量也大幅提高，但仍然尽最大可能吸纳农村劳动力，除了本村劳动力1000多人外，还吸纳了周边农村和外地农民2000多人在界龙企业就业。同时培训职工，使职工的技术技能与企业的产业升级、技术含量的提高方向一致，逐步淘汰低端技术产品和劳动密集型企业，使界龙的包装印刷走在全国业界技术创新的前列，屡获国际大奖。如轰动申城的大型国宝画册——《晋唐宋元国宝书画特集》，《淳化阁帖》和《锦绣文章》相继获亚洲和国际印刷大奖赛金人奖。其中《锦绣文章》成为"国礼"，是胡锦涛主席2006年访美时赠送美国耶鲁大学的首要图书。

二是加快经济发展与促进农民增收相结合，建立了农民增收的长效机制。

从上世纪80年代开始，界龙就从村办企业中提取部分资金作为退休金，保障农民老有所养。有了稳定的经济收入，村民不仅没有人失业，而且工资收入年年有所增长。所有在界龙企业工作的村民职工，由于企业为他们缴纳了社会保险金，所以他们都跟城市居民职工一样享有社会保障制度，同样可以领取国家社会养老金、失业保障金和医疗保险金。只是不享受住房公积金，因为村民都可以申请住宅建房。退休的村民职工比城市居民退休职工的待遇还要好。村民职工养老金除了国家发的养老金之外，还可以享受村给的每月500—2000元左右不等的生活补贴，视退休职工年龄差异有所不同，一般每月退休金补贴均在600元以上。

三是发展经济与改变村容村貌相结合，使农村旧貌换新颜。首先界龙村建造了自来水厂，除界龙村村民外还解决附近杜坊、新春等几个村的用水。把修路造桥、装路灯、家家门前通水泥路、养花种树、户户安装电话、改装大电表以及遍布全村各条路口、各个村庄、各个工厂出入口的探头多达160多个，所以有什么交通事故、工厂、家庭失窃等，通过探头方便破案，也吓得一些小偷不敢去界龙村偷窃了。公益设施做好，把实实在在改善农民生活作为新农村建设的落脚点，这就使党的农村改革政策——富民政策从根本上落到了实处。

四是严格执行村务公开与加强民主监督相结合，确保农民利益得到有效保障。及时公布重大村务情况，接受广大村民的监督。重点做好财务管理，对重大投资项目严格论证；依法履行基层民主制度，修订了《界龙村自治章程》和《村规民约》，做到了民主选举、民主决策、民主管理和民主监督。

村企联动，推进社会主义道德文化建设

在发展经济的同时，费钧德和村里的领导创造性地提出"村企联动，文明教化"，即企业和村组织共同行动，通过多种教育方式，提高全体村民的文明程度、道德素质和文化素质，构建和谐关系，促进农村全面发展。

第一，采取活泼愉快的教育方式，多管齐下对职工和村民进行教育和自我教育。创业初期，农民进厂，纪律散漫，贪小便宜。费钧德就经常教育村民职工要热爱集体，加强纪律性，制定村规民约和厂规厂纪。随着经济发展，村民人均收入大大提高。村民钱多了，摆阔气，讲排场，婚丧事大操大办，铺张浪费；因赌博、跳舞等引发家庭纠纷增加。村民的身份变了，但根深蒂固的农民小私有观念没有变；工作环境变了，不讲卫生，不守纪律的习惯没有变；生产方式变了，以邻为壑，一盘散沙的情况没有变。为此，他们倡导创编了《劝民歌》、家训词、"现代生活指导""十星级家庭评选"、界龙《新三字经》等，将"五讲四美"、"七不规范"、村民自治章程、村规民约和中华文化中的传统美德等内容融合在一起，许多内容与近年来国家领导人倡导的"八荣八耻"相近似。以群众喜闻乐见的沪剧曲调，请著名演员演唱，录制成磁带发给职工、村民们传唱，自教自唱。自觉约束自己的言行，减少了许多家庭内部矛盾和邻里纠纷。这是以柔克刚实现"以德治村"。

第二，创办职工学校，提高职工、村民的道德文化素质。根据农民又是工人这个特点，立足实际，发挥村企联动的优势，企业职工学校与相关的大专院校挂钩。由于印刷企业的人数最多，所以在上个世纪的80年代专门与上海出版专科学校领导联系，让学校派老师每周两天对印刷企业员工进行不同工种的培训，至上世纪90年代初、有两位老师干脆辞职留在了企业当教师及企业副总经理。还开展"现代生活指导"，聘请各类教师为职工和村民进行职业道德、文化知识与专业技术技能培训。聘用村和企业50岁退休后的女职工经过培训后成立现代生活指导小组，每月每户进行对洁具清洗、衣服熨烫、室内摆设、环境布置、插画等培训和检查、室内外清洁卫生检查。再利用"四个一"工程（一个图书室、一个活动室、一个教室、一个医疗室），在农民学校（教室）辅导养花种草、做饭烧菜、卫生保健、歌舞健身等课程。监督村容村貌和家庭卫生状况。结合"十星级家庭"评比活动，争当文明户，开展富有特色的精神文明创建工作。

第三，每年建立一些文化娱乐设施，先后建设了企业影视室、图书馆、篮球场、足球场、网球场、村文化活动中心（包括有乒乓室、图书室、音乐厅、棋牌室、桌球室等等）和界龙公园。免费让村民、职工观赏和锻炼，为普遍开展大众性的文化娱乐和休闲活动创造条件。

社会主义新农村建设在界龙村起步较早，解决了"三农"问题，较早实现了党中央提出的"生产发展，生活宽裕，乡风文明，村容整洁，管理民主"20字方针，连续30年被评为上海市文明村和上海市卫生先进单位。2001年，界龙村党委获全国基层党组织先进单位。2011年12月，界龙村被中央文明委授予"全国文明村镇"光荣称号。界龙集体销售始终在全国业界名列前茅。在习近平新时代中国特色社会主义思想指引下，界龙村将继续努力，全面推进美丽乡村建设更上一层楼。

在此文结束之前，笔者不得不郑重指出：费钧德作为一个企业家、一名农村基层干部，他创造性地提出"村企联动，振兴家乡"的策略是十分英明的，也是无比正确的。为此，受到界龙村干部和广大群众的热烈赞扬与一致好评，那是理所当然的。如今，界龙村的村民过上了富裕的好日子，他们将永远不会忘记费钧德为界龙村的腾飞和家乡的振兴所做出的可贵贡献！

作　　者：邵天骏
创作格言：文字里看风景，风景中写人生，人生中觅情怀，情怀里诉心声。

"三治三效"绽开绿色环保之花

——界龙集团董事长费钧德推动企业可持续发展二三事

  当一个人的命运与企业紧密地联系在了一起时，任何的荆棘载途都不在话下；当一个人的理念与绿色环保进行了心灵碰撞后，什么样的奇迹也可能发生。"困难是块磨刀石"，岁月可以见证一切。脚下只有华山一条道，唯有"咬定青山不放松"，才能不负时光，不辱使命。

——题记

序曲

浦东，这是一个藏龙卧虎的地方，也是一个开发开放的热土。界龙集团，就位于这样一个钟灵毓秀、人杰地灵的好地方。她的过去和现在，令人叹为观止的成就，始终与一个人的名字息息相关，紧密相连。他，就是现任界龙集团董事长费钧德。

在业界早已流传着这样的一句话：界龙，界龙，业界的一条大龙。时代弄潮，请看界龙。界龙的腾飞，是浦东开发开放的一个缩影，费钧德则是企业沧桑巨变的领路人。他不鸣则已，一鸣惊人。作为全国的大型民营企业，界龙的重要地位有这么几组数据可以佐证：得到过中国印刷界的最高奖项，获得过全国先进党组织的最高荣誉，多年跻身于中国印刷百强前十强的行列。而费钧德本人，则被誉为中国民营企业和印刷业界的传奇人物，备受社会各界的关注。

界龙今天的巨大成功和持续不断的影响力，皆与费钧德的企业先进经营理念不无关系。艰苦创业，一心扑在事业上，夯实了企业发展的根基；改革腾飞，"草窝里飞出金凤凰"，绘出了最美最好的图画；心系百姓，服务百姓，事事为大众谋福利，得到了广大员工的支持。正所谓：众人拾柴火焰高，众志成城力无比。其间，费钧德还始终将企业的绿色环保、可持续发展纳入企业的关键位置上，从源头抓起，从每一件小事提起，从企业的内部挖潜做起，积极推广绿色环保技术，全力降低各种污染源。"三治三效"取得的明显成果，创造了企业清洁低碳、节能高效的奇迹。

其实，奇迹从来不会平白无故地主动到手的。它还需要处处事在人为。

治污染源，由此达到了环保无污染、安全可降解的出色效果

费钧德是颇有战略眼光的。

在以包装印刷为主业的界龙，绿色环保是一个时刻必须面对的现实话题。

对于一般印刷企业的大致印象，外界曾有一首小诗来形容这样的"环境污染大户"："污染不入流，绿色苦寻求。材料少环保，印刷终难牛。"意思是说，印刷企业与污染一直有着某种脱不开的干系。虽然说得有点"无情"，却从一个侧面道出了印刷企业的现状与无奈。

企业要做到可持续发展，不能没有绿色环保做支撑。否则，在日益严格规范的形势下，无异于作茧自缚，自欺欺人，自断生路。企业的生存与进步，不能受制于传统的发展模式，一定要在理念上、创新上与实施上，率先取得绿色环保的大突破。

绿色记心头，环保无小事。治污染源，一定要尽心尽力，不能浑浑噩噩地过日子。费钧德深信这一点。

在带领界龙村民走上致富之路、创办了如今是大型民营企业的费钧德看来，企业走上全面正轨后，绿色环保是其中的一个"重头戏"，这是企业发展赖以生存的基础。

治污染源，谈何容易。但如果过不了这一关，行政性的罚款收费暂且不说，也将影响企业的做大做强。

费钧德不愧是有战略眼光的企业家。他高瞻远瞩，运筹帷幄，有效地建立起了一整套的绿色环保规范和工艺，一项项地进行针对性落实。成立攻关组，开展技术革新和技术进步，努力改进落后的生产工艺。治污染源，严把绿色检验关、绿色产品关，严格可循环、可追溯的绿色工艺控制制度。通过多年来的不懈努力，如今界龙整个生产过程中产生的污染源大为减少，废气、废渣和废弃物数值均降到了历史最低水平。清洁生产工艺流程、空气循环清洁法等，在界龙的许多下属企业得到了全面推广应用。

当然，治污染源，所要花费的资金是很大的。然而，即使花再多的钱，花再多的人力、物力，费钧德也是义无反顾，为的是不留任何遗憾。

在费钧德的领导下，早在本世纪初，界龙就开始认真细致地做起了环保无污染、安全可降解的大量工作。由于包装是企业的大头，从治"三废"污染源入手，积极提倡绿色包装，从而使原材料得到了最大程度利用。

"界龙不仅企业规模做得大,而且绿色环保也是做得相当好。"许多人在参观了界龙部分生产车间后,又同时观看了界龙发展及成果展厅,不约而同地得出了这样的结论,也对费钧德高度重视绿色环保留下了深刻印象。

界龙,为绿色环保书写了精彩浓重的一笔。费钧德的大手笔,界龙的大规划,换来了企业长远发展的大格局。走进各个生产现场,里面的环境可说是井然有序,有条不紊。环境友好,在这里得到了充分体现和诠释。每一道的生产工序,每一个的上下衔接,每一项的基本决定,都要先过环保无污染、安全可降解这一关。没有例外。这就是费钧德的绿色环保理念,并将其真正落到实处的真实写照。

对于污染源的综合治理,费钧德是花了大量心思的。

30多年前,在设计外贸界龙彩印厂扩建新厂区时,与设计公司一起响应国家号召,把雨水管、生活用水管、工厂洗车水、杂用污水管进行分离。雨水管直接排入河流,生活用水、洗车水等归入污水管道,排至当时上海市政污水工程接轨的黄楼乡污水管及泵站进行处理。后来在上级进一步要求工厂自行处理好后的污水才能排入国家污水管时,彩印厂等印刷企业和拉丝厂全部在厂内由专业环保企业来施工建造污水处理站。另外,对废弃的油墨罐、揩布统一交给回收部门,统一处理。2015年开始,国家环保部门提出需要处理VOCS空气排放时,界龙印刷的企业也及时通过环保设备专业部门建设处理装置。

早在几年前,界龙下属的骨干企业又开始试用一种节能环保的无胶复合膜。这种无胶复合膜的最大优点是,无需使用常规的胶水、甲苯等化工原料,从根本上杜绝了有害气体的浓度和长时间释放,对场地使用的面积要求也不是太高,还对防止潜在的火灾和自燃灯事故现象十分有利。车间成了无气味、无污染、无不适的生产部门,员工的身体健康得到了切实保证,完全满足了国家环境标准和环保的有关要求。此项技术与水性油性二用复膜机相比,可节约用电约50%,有力地实现了环保效益和经济效益等多重提高。

在执行浦东新区环保管理部门的有关文件时,费钧德总是及时地做出果断决策来，且身体力行。界龙外贸彩印公司的燃煤锅炉，污染较为严重，需要从根本上予以淘汰更新。通过事前的研究和综合评估，企业提出了煤改油的一揽子构想。为此，专门投入65万元资金，对燃煤锅炉进行了彻底的技术改造，将其更换为3T燃油锅炉，减少了大量的烟气排放，有效地改善了环境质量。这个污染源的及时消除，费钧德的良苦用心由此可见一斑。

同时，胶印车间也认真针对噪音的污染源，专门投入了18万元资金，把原先每台印刷机独立配套的空压机，统一改造成为中央空压泵机房，使之布局更加合理，环境更加优化，明显降低了噪声带来的员工心胸烦闷等诸多不适感。

"开弓没有回头箭"，办企业如此，在绿色环保中努力做到最好，亦是如此。费钧德认准的前行目标，不会因资金一时周转困难而有半点的犹豫。这时，上市公司董事长费屹立捕捉到这一信息，向费钧德汇报后，一致都极力支持投资发展该项目。

国家提出包装材料尽量要以纸代塑和可降解材料、绿色包装容器现已成为国际包装业的主流趋势。纸浆模塑产品因以纸代塑，而且可降解等其环保无污染的特性而广受市场关注和欢迎，同时它的安全可降解优势又为它带来了良好的声誉。许多企业都着力将眼光瞄向了这一块有着很大市场的"蛋糕"，渴望分得其中的一块。不少企业竞相进入，一时间"烽火四起""硝烟弥漫"，让人目不暇接。

站在环保无污染的高地远望，市场无疑已经释放了一个积极的信号。作为包装印刷行业的领军人物费钧德，又开始统领着行业内独领风骚的企业勇往直前。就在市场纸浆模塑产品刚露出蛛丝马迹时，已经敏锐地捕捉到了这一重要的市场信息。2017年，界龙大手笔斥资1.5亿元，全面进军纸浆模塑产品市场，成立了上海界龙派而普包装科技有限公司，专门研发和生产高档纸浆模塑包装产品，并向市场快速推出。接着，又投资1.5亿元，分别沿直辖市、省级中心城市及长三角区域城市的重庆、合肥、昆山及姜堰进行战略布局，建立相应工厂，迅速打开有关市场，界龙由此成为国内首屈一指的、兼具干湿压纸模塑技术和配套服务能力的企业。在可以预见的未来，界龙还将进一步对全国进行积极布局。

接连打开的市场，界龙纸浆模塑产品一直将其作为今后包装产品优选的产品予以合理定位。这种属于环境友好型的换代产品，对原材料的选择要求比较高，需要同时满足环保无污染、安全可降解的各项条件，而且主要原料使用甘蔗浆、竹浆等国内丰富的植物材料来进行环保落实和可循环生产。

在这一绿色环保领域，费钧德自是做了一件功德无量的事。

一直被看作城市型工业的包装印刷企业，自十八大后被国家列入了应治理的污染型企业以来，界龙的纸浆模塑产品在确保环保无污染、零排放、安全可降解方面可谓是步步领先。生产过程中的水，可以再一次回到浆池，进行再循环利用，从而使污水的排放降至为零，安全数值得到了极大提高，空气环境也得到了最大程度的净化，没有任何的大气污染。最值得称道的是，由于纸浆模塑产品完全使用天然植物纤维为生产原料，对环保的严格要求能够实现效果的最大化。使用完的产品，一旦掩埋在泥土里两个月后，就可以做到完全降解，不会产生任何的"后遗症"。

也许，正是因为费钧德的理念领先，方法领先，行动领先，给企业完全融入绿色环保之林带来了一次"革命性的飞跃"。

据界龙纸塑包装事业部副总经理吴江明介绍，目前，上海界龙纸塑包装事业部下属5家工厂，已经完成了设备调试，开始产品试打样、试生产。这款绿色的环保产品，其中的纸浆模塑产品可以广泛应用于电子产品、家用电器、电脑配件、五金工具、玩具、陶瓷、玻璃器皿、灯饰、食品、药品、化妆品、农产品等，市场前景十分广阔；而纸塑湿压产品目前主要立足于电子产品领域，如手机、电子烟盒的内外包装，纸塑干压产品则主要用于电子产品及家电用品的缓冲材料，同样有着市场的有力支撑。

用途最为广泛的纸浆模塑产品，在市场中的口碑是非常棒的。费钧德的成功之处，使之在打开新的市场上闯出了一条新路，又在绿色环保领域达到了一个新的高度。这双重的出色效果，为界龙的可持续发展创造了十分有利的条件。

仅以界龙的纸浆模塑产品优势而言,界龙拥有纸浆模塑制品的产品检测标准,其抗跌落检测数据获得了国内外众多知名商家的认可。绿色环保的最大优势还体现在,它与其他塑料制品的本质有着根本性的区别,从一开始就颠覆了以往的各种想象。

纸浆模塑产品,在绿色无污染上,安全可降解上,已经拥有了一片广阔的天空。迎接它的,必将是企业成功治理污染源的辉煌灿烂的明天。

治废弃物,由此达到了环境最友好、绿色在印刷的出色效果

费钧德是很能审时度势的。

要治废弃物,需要从头做起,注重过程,不留尾巴。废弃物的产生,许多时候是固有的陈旧观念造成的。有的企业家认为,公司的发展,要忙的事情实在是太多了,要使用的资金也着实不少,因而也就容易对绿色环保这一块"睁一只眼,闭一只眼",过一天算一天;有的企业家以为,绿色环保是有关部门要我做的,是不得已而为之,于是总是被动地应付,能拖则拖,能少花钱就少花钱,尽量把钱用在所谓的"刀刃上"。可是,等到在绿色环保上真出现了问题,再想亡羊补牢,所要付出的代价,就不是一点点了。

不过,费钧德可从来没有这样认为过。

作为一个有着战略眼光、有着清醒头脑、有着长远目标的企业家,费钧德深知发达国家的许多大企业对绿色环保的重视程度,从来都不是可有可无的,而是一直伴随着企业发展的全过程,力求把它做到最好。那里的企业环境,有的甚至比得上酒店宾馆,与家庭环境一样舒适。而生产出来的产品,每一道工序都对绿色环保有着很高要求。因此,企业的资金也常常可能会捉襟见肘。但是,由于什么是该用的钱,什么是不该花的钱泾渭分明,一目了然,反而从根本上确保了企业的绿色环保和可持续发展越走越顺。

始终固守企业绿色环保的底线,不让没有达标的各种污染源、废弃物拖了企业发展的后腿,费钧德深谙此道,并由此尝到了甜头。

十多年前,界龙不惜投资6000多万元,开始在业内率先将柔印印刷技术推广应用。这是一种十分先进的印刷技术。它的水性油墨印刷技术使用,污染非常小,几可忽略不计,车间的印刷环境、员工的身体健康都能得到根本保证。

看得见、摸得着的绿色印刷技术,充分体现在了环境友好,以及由此带来的种种好处上。治废弃物,环境最友好,绿色看印刷,不再是一个遥远的"梦"。在费钧德的关心重视下,此项技术很快在界龙全面铺开,有效覆盖,全方位地得到了应用。下属艺术印刷公司使用了柔印印刷技术后,还接着转用到了商业性的纸袋上,基本消除了污染和产生的废弃物,成本为此得到降低,商家、用户皆大欢喜。单就绿色印刷的柔印和UV印刷技术这一块业务而言,界龙订单已经做到了令人刮目相看的一个多亿。这无疑是界龙在环保印刷领域取得的一大突破。

"海阔凭鱼跃,天高任鸟飞"。

费钧德对于企业绿色环保的重视,从来不是"一阵风带过",也不是"打一枪换一个地方",或"三天打鱼,两天晒网",而是靠着常年不懈的坚持与努力终得成效。绿色环保,治废弃物,达到环境最友好、绿色在印刷的意境,是不可能一蹴而就的,也是不可能一早起来就建立起绿色环保的"新世界"的。因而,高度重视之下自然就有相应的制度和跟踪机制,有全面可追溯的工序辅佐,还有执行和考核的力度推进。在这几个方面,界龙的治废弃物,是从根本上来达到环境最友好、绿色在印刷的最大效果。界龙在费钧德"全局一盘棋"的引领下,努力将绿色环保做到了最佳,效果也因此最大化。

界龙非常注意印刷工艺所有环节上的绿色要求,像油墨、上光油、橡皮布、热溶胶、纸张、喷粉、润版液、印版、预涂膜和印后加工等,全部达到了绿色环保的要求,由此大踏步地进入了上海极少数绿色印刷企业的行列,受到了业界和社会的啧啧称道。

节能减排,降低废弃物数量,提升废弃物处置能力,完善废弃物管理措施,使印刷的绿色效应全面凸显，既整洁了环境，又满足了现场绿色环保定置的要求。"三位一体"的"降低""提升""完善"管理模式，使生产区域在排污和节能减排等方面，均达到了新的高度，取得了全新突破。由此陆续开发出来的各种工艺和技术水准堪称一流、低碳高效，产品和质量上乘的新品种，推动了界龙低碳成果的相继涌现。

对于生产中废弃物的治理和处置，除了前者按照"三位一体"的"降低""提升""完善"管理模式外，后者则及时进行了相应跟进，将一些生产过程中尤其是印刷产生的诸如废墨纸、废油墨罐、废显影液、废墨盒、废电子产品等废弃物进行分门别类，由专门的专业机构予以专业处置，使绿色自始至终在印刷中成为主流，不使废弃物的出现而影响整个环境。胶印车间使用的橡皮清洁剂，将原先使用的有毒有害的、并会产生废弃水香蕉水，全部更换为无毒无害的环保型清洁剂，减少了对环境日复一日的损害。

"一个人的价值，应当看他贡献什么，而不应当看他取得什么。"爱因斯坦在《论教育》中如此说道。费钧德在绿色环保中的贡献，无疑可以给予人们许多人生哲理的感悟。

一鼓作气，无怨无悔；绿色环保，助力界龙。环境友好型的企业，不仅要有企业家的博大胸怀，还要有企业家的前瞻性思考。费钧德无穷的人格魅力，在此得以充分体现。

绿色需要理念的支撑，环保需要行动的配合。一步一个脚印，才能走出一条治理和收效同步显现的金光大道；拼搏不惧风雨，才能在困难面前不低头、风雨过后见彩虹。费钧德在绿色环保领域里的果断决策和勇敢实践，为他在业界带来了持久的影响力。

"说环保，有界龙。谈绿色印刷，界龙卓有成效。"人们如是说。界龙的绿色环保，在包装印刷界，已然名声在外，许多人都想前往参观，以便亲眼看见，亲身体会。

界龙在废弃物回收及处置技术等方面，已经达到了行业领先水准。它主要在5个方面取得了很好突破：一是积极地研究推广绿色印刷具体技术和方法；二是积极地制定绿色印刷标准，完善绿色印刷评价体系；三是积极地开展绿色印刷试点工作，推广绿色印刷环保理念；四是积极地加强绿色印刷政策引导，提高印刷企业的主动性、积极性；五是积极地推进产业转型升级，扶持文化创意园区建设。为此，界龙在包装印刷领域始终认真践行绿色印刷发展理念，大力应用绿色包装技术，使界龙下属的4家主要印刷企业通过了绿色印刷企业认证，公司还同时获评中国印刷技术协会颁发的"绿色印刷特别贡献单位"荣誉称号。

从源头上力求杜绝污染，对各种薄弱环节进行及时整改，并治理好废弃物，全面建立起环境最友好、绿色在印刷的绿色环保机制，"功在当代，利在千秋"，企业也因此获得了可持续发展的巨大能量，使企业拥有了更加多的主动权，由此增强了企业在市场上的强大竞争力。绿色环保之光照亮印刷企业，企业的发展得到了更多、更大的推动力。

从界龙的一份上市公司社会责任报告中可以看出，对于废弃物的处置，他们是这样做的：公司的固体废弃物，由公司与浦东新区废管中心签约，由对方指定专业单位进行运送、处置，确保公司的废弃物的排放不超标。合理调整企业的经营策略，使设备能耗、生产工艺、生产排污、产品标准等符合节能减排、绿色环保的要求。

歌德说："责任就是对自己要求去做的事情有一种爱。"费钧德一直拥有强烈的社会责任感，立志使企业积极履行好"社会公民"的职责，从一开始就对自己及企业高标准、严要求。这种对企业、对绿色环保倾入大量心血的"爱"，这种有着无私的奉献精神，对于构筑"资源节约型、环境友好型"企业，是大有裨益的。因而，也就有了今天界龙绿色环保的卓越成就。环境保护推动了企业的经济发展，经济发展又带动了企业在环境最友好、绿色在印刷的全面转型。

也许，除了强烈的社会责任感外，费钧德还有深至骨髓的强烈的企业使命感，同样在其中起着潜移默化的作用。唯有坚持，才有收获；唯有不断创新，才能收获企业绿色环保带来的种种好处。

治浪费点，由此达到了技术重创新、环保又减量的出色效果

费钧德是善于精心布局的。

浪费一直是企业发展的大忌。如果在绿色环保中，不能做到有效节约，合理利用资源就会成为一句空话。据芬兰所做的一项专门针对消费者认知、食物浪费和气候影响的研究表明，消费者喜欢纸板包装超过了塑料包装，认为选用纸板是比塑料包装更为负责任的选择，而这也正契合了绿色环保的理念。纸板的可回收、可利用特性要比污染严重且容易产生很大浪费的塑料明显要好，消费者也会很乐意地接受。界龙在这方面，自然大有可为。

又据来自科印网的消息，从2006年到2017年的逾10年间，中国快递的快速发展可用"爆棚"来形容，从当初的只有区区10亿件快递量猛然飙升至400亿件快递量，增长速度非常"抢眼"，由此产生了数以百亿计的包装用垃圾，不仅污染了环境，而且带来了资源的大量浪费，塑料袋、编织袋、包装箱、封套、内部缓冲物及胶带等，有些是不可降解的"白色垃圾"，有的则属于明显的资源浪费。为了减少大量的资源浪费，国家质检总局、国家标准委为此出台了绿色包装系列国家标准，旨在降低资源的污染和浪费现状。这也为界龙在包装印刷领域降污染、治浪费点带来了很大的商机。

类似减少浪费的措施，还体现在国家邮政局积极落实全国政协委员的建议提案上，一年来多次开展快递绿色发展专题调研，将提高快递包装绿色化、减量化、可循环作为邮政业更加贴近民生的7件实事之一。绿色环保已成市场共识。

由此可见，技术创新，环保减量，治浪费点，是形势所需，趋势所迫，刻不容缓。

在治浪费点上，界龙没有任何退路，费钧德也没有对此选择视而不见。

费钧德带领界龙所走过的绿色环保之路，在治污染源的环保无污染、安全可降解上取得了明显突破，又同步在治废弃物的环境最友好、绿色在印刷上达到了行业领先，还在治浪费点的技术重创新、环保又减量上成为业界的

一大亮点。

谚语云:"讲在口,做在手……行动比诺言更响亮。"

费钧德为此做了一个大手笔。

界龙外贸彩印公司在技术创新、环保减量的具体工作中,又迈出了实质性的一步。他们投资3500万元,专门引进了国际一流的包装生产设备。这种设备,有效地配合了界龙在环保减量领域里的技术创新、技术进步,接着又很快研制并生产出具有国内领先水平的低克重高强度瓦楞纸包装,集全新的、先进的、轻量化的、环保的、节约的多项功能于一体的生产线。这是亚洲第一条用于专项瓦楞纸板的生产线,走在了上海包装乃至全国包装的前沿,引起了包装印刷界的良好反响。

通过在此基础上的技术攻关和产品研发,生产出来的新型三层瓦楞纸板较之于传统的瓦楞纸板,平均重量降低了约20%,而平均强度则增加了约20%,一来二去,竟然有了约40%的可观空间。新型三层瓦楞纸板所使用的原辅材料,均满足于欧盟ROHS的环保要求,且十分易于回收利用,并对环境基本上不会产生污染,大大降低了浪费现象和污染源的接连发生。

如此环保的出色效果,资源利用的明显特点,减量化包装是一大趋势,但它对包装内物品的保护性功能一点都没有削弱,甚至比原来的还要好。比如,与原先一般要用5层包装的产品相比,通过技术创新的新包装,只需要三层高强度低克重瓦楞纸板包装就足够了,强度完全可与传统的6层包装相媲美。尤其令人惊喜的是,它能够节约将近50%的纸张及各种有关的能源消耗,全面杜绝了浪费现象的发生,还明显地降低了包装的成本,进而取得了积极应用先进技术、先进设备治浪费点的可贵成果。

绿色环保,治浪费点,常常是"说起来容易,做起来难"。其中的许多艰辛,因涉及到理念问题,关系到资金投入,体现在决策方面,反映在现场调研,不是几天几夜就能够轻轻松松说完的。费钧德对此深有感触。

智者,是一个能在治浪费点上做出正确的决策的人;强者,是一个能在技术创新中始终不放松的人。费钧德拥有智者、强者的所有内涵。在他的身上,始终有一颗对国家、对企业、对员工赤诚的心。

精打细算，建设一个节约型的绿色环保型企业，这是企业发展过程中的必然。

界龙非常注重开源节流，力求创建一种低成本、低消耗、高效益的企业管理模式，构建全新的企业节约型增长方式和消耗节约模式，重视投入的产出比，并强化"先思考再做"的精细生产过程。所谓"先思考"，是指接到单子时并不马上去做，要留有"怎么做才是最好"的余地，避免因为盲目性而带来的浪费现象发生；然后"再做"是指积极主动思考后找出其最佳的实施方案，将所有的不利因素和可能出现的浪费阶段予以一一排除。这样的"再做"步骤，自然能够产生最好的结果。

如此有效的"先思考再做"方法，既能很好地提高工作效率，避免种种失误，又能明显降低浪费和损耗的概率，如今已经成为界龙员工的自觉行动。

可以这么说，在费钧德等集团高层的带领下，界龙能够取得今天的不俗成就，企业的快速发展是一个方面，企业绿色环保的有效实施同样是一个方面。

打开了治理浪费点的一扇绿色大门，界龙也由此增加了一个新的利润增长点。

在产品的设计上，界龙一直从节约的角度出发，尽量减少边角余料的产生。即使有，也会尽量地予以合理利用。像界龙纸塑生产过程中出现的剩余边角料，就不会浪费，因为它还是可以做成盛放诸如鸡蛋托篮的一种很好原料，可供有关下家的生产厂家进行二次利用，较好地节约了相应的生产成本。

费钧德做事雷厉风行，治浪费源同样在节约上狠下功夫。技术革新、工艺改进，都是其中的可行办法，但不仅此而已，还要在措施上落实到位。于是，界龙制定的节约目标针对所有部门和车间，落实到每一个员工，对各种浪费现象，以具体的成品率为标准，对员工或进行相应奖励，或予以一定处罚，奖罚分明，从制度上扭转了对浪费现象熟视无睹的状况。经过这样的工作促进和推动，很快在员工中强化了自觉节约的意识，也进一步增强了员工的责任感、使命感。

积极采用管理信息化。界龙通过自行开发的 ERP 系统，对生产过程中的许多流程环节进行严格把关，使可能产生的各种浪费现象和可以节约的实际情况都一目了然，由此减少了盲目性和被动性。对于大型印刷企业来说，纸张往往是其中消耗的一个大头。充分利用 ERP 系统进行事前、事中和事后动态分析，并及时提出解决的办法，可以将超损用纸杜绝于每一道环节之中。

应用 ERP 系统治理浪费点，如今已经成为企业一个非常成熟的做法。每一个浪费点，都在 ERP 系统下无处隐身；每一个治理浪费点的对策，都能在 ERP 系统下得到最好反映，技术创新的技术含量都能在其中得到充分体现。同时，ERP 系统还扩大应用到了诸如大宗物资采购、对各项流程分别授权等工作上，效果自是非常不错。

2005 年，界龙永发公司开发生产出了一种新型的多层复合无菌包装材料。它作为液体食品包装中的新材料，主要成分为优质纸浆、铝及热塑性塑料，可循环利用，易回收处理，且具有很高的再生利用价值。由于这种材料具有耐磨性，可明显地减少包装破损的几率，还能节约传统的应用材料，尤其是可以大大节约纸张、木材、竹子、玻璃及各种金属材料的使用，有效地节约了各种材料，降低了许多浪费现象的无谓发生。

尾声

金龙献瑞泗金光，龙腾虎跃耀东方。

"虎不怕山高，龙不怕水深。"中国谚语对龙毫不吝啬的赞美，能够给人以诸多的感悟。

界龙，就像是一条闪着金光的大龙，又像是一条欢快腾飞的大龙。她的曼妙身姿，使企业不断发展壮大；她的超前意识，又在绿色环保中出类拔萃。费钧德就是"这条大龙"的引领者。界龙能有今天的卓越成就，离不开费钧德的高瞻远瞩、运筹帷幄和日夜辛劳，也离不开界龙高层和全体员工的奉献精神。在绿色环保领域，不只在治污染源、治废弃物、治浪费点"三治"方面达到了"三效"成果，绽开了企业的绿色环保之花，在其他涉及到的绿色环保领域，综合整治，一直在有条不紊地进行着，永远没有止境。这也是费钧德推动企业可持续发展的重要组成部分。对于界龙的炽热情感，促使年已70多岁的他依然身体力行，依然在积极描绘着企业美好的蓝图。

"人总要有时代的精神，人总要有人生的追求。"费钧德望着企业在绿色环保中所做的一切，他又开始认真思考，又在精心布局下一步的绝妙"棋子"。在对待绿色环保的态度上，他一直以为，没有最好，但能更好。这也促使他对绿色环保始终保持着一份清醒。

窗外，阳光明媚，柔风拂面，绿意盎然，草坪如绒。风姿绰约的大树枝叶四下摇曳，小鸟叽叽喳喳在草坪里欢快跳跃，不远处清澈的河水泛着银光，一派灵动和祥和的绿色世界。"多么好的绿色风景啊！多么好的清新空气啊！"此时，费钧德喜不自禁地细细欣赏起来，似乎又开始若有所思……

作　　者：吴树德
创作格言：弘扬正能量，为人民鼓与呼！

人人学习《劝民歌》 家家撰写家训词

——记界龙村的《劝民歌》、家训词和实践现代生活

一

人人高唱《劝民歌》，家家撰写家训词，户户学习现代生活方式，已在界龙村蔚然成风。

界龙村位于浦东新区川沙新镇西南，全村3300余人，总面积约2.6平方公里。从20世纪90年代随着村办企业日益壮大，经济收入日益红火的同时，村党委认真抓住文明建设这根弦不放松，精神文明和物质文明，两手都要抓，两手都要硬。

由于改革开放后，一些人口袋里有钱了，村里富裕起来，物质丰富使一些年轻人眼睛里只盯着钱袋子，忘记了书袋子。不看书，不看报，只看如何发大财和享乐生活（主要是年轻人）。在这种大环境下，由于受一切向钱看的思想支配，有的村民自由散漫，不守纪律，上班迟到早退，随便离岗、玩世不恭、玩忽职守的现象时有发生，把厂里原材料、边角料、半成品顺手牵羊，随便拿到家里，严重损坏工厂的正常生产，导致厂里产品质量下降，工伤事故频频发生。而且思想上优越感上升，界龙人在工厂企业产生了三不做：即重活累活不做、三班倒不做、工资低不做，都想坐办公室。

村里要修路，村民家里要翻修建房、造卫生间。于是，发生邻里之间不团结、兄弟之间闹矛盾。聚众赌博、婚丧之事大操大办，在村里造成极坏的影响。虽然村里制订了《村规民约》，但有些人阳奉阴违，一只耳朵进，一只耳朵出，村里干部做工作也徒劳，他们不想听，听不进，昔日民风淳朴的界龙村，在经济大潮的冲击下，失去了往日的宁静。

如何改变这种现象，在村党委书记费钧德脑海里掀起了层层波澜。为了使界龙村有一个和谐温馨的环境，他确实下了不少功夫。有一次，使他百思不解困惑在心头的一桩心事，一下子豁然开朗。那是在1996年，他赴香港考察业务时，看到香港出版的《劝世文》，书中写道："长大成人分居日，祖公物业莫相争""千年修得同船渡，万年修得共枕眠""男人百艺好随身，赌博门风莫去沾"……劝人向善，通俗易懂，内容朗朗上口，易传易记的风格，让他眼前一亮，如获至宝。回到村里，他马上召开村党委会，语重心长地说："《劝世文》讲的是我们老百姓碰到的事，界龙村完全可以学人家，人家叫《劝世文》，我们也编一本《劝民歌》。"

于是，广泛征求村民意见，尤其听取了老人们的意见后，进行了修改，三易其稿。1996年11月5日，《劝民歌》问世了。《劝民歌》是由敬业创业、遵纪守法、夫妇好合、敬老爱幼、勤俭持家、亲邻和睦、尊师重教、信义朋友、见义勇为、修身养心10篇组成。每篇四句，每句七言。《劝民歌》开篇道："界龙能有今朝日，皆因改革开放好，老小永诵劝民歌，太平盛世乐陶陶"。开宗明义，点明题旨，深刻反映出改革开放的太平盛世，界龙村发生了翻天覆地的急遽变化。《劝民歌》第一篇，敬业创业中写道："集体经济要发展，大河有水小河满。勤奋劳动加科学，奋力拼搏敢争先。"这四句言简意赅，形象地阐述集体大家庭，个人小家庭的创业精神。第二篇，遵纪守法中说："遵纪守法很重要，迷信赌博要除掉，七不规范要做到，村规民约执行好。"这四句讲公民要奉公守法，抵制赌博，反对迷信，村有村规，家有家规，村民一定要遵守村规民约、七不规范争当模范。第三篇，夫妇好合中道："夫妻恩爱要平等，百年好合共上进，鸡毛蒜皮不计较，计划生育要执行。"这是劝民要夫妻恩爱如常，相敬如宾。第四篇，敬老爱幼："可怜天下父母心，子女成才勤家教，父母恩情深如海，孝敬老人胜爱小。"孝敬父母是中国的传统美德，万事孝为先。第五篇，勤俭持家："诚实劳动能致富，贪吃懒惰一世贫；勤俭持家是良训，丰年要想歉年景。"勤俭持家是老生常谈了，时下，人们生活水平普遍提高了，因此，铺张浪费太严重了。现在重提勤俭持家很有现实意义。第六篇，亲邻和睦："手足之情诚可贵，左邻右舍胜远亲；万事皆要讲道理，相互之间要关心。"近邻乡亲都要文明和谐，明德明志，善待众人。第七篇，尊师重教："教书育人为师表，尊敬老师好风尚；知书达理胜千金，科教兴国兴家乡。"为人师表是古训，尊敬师长是中华传统美德，做人要知书达理，尊重科学，发展科学，科技兴国。其中特别意味着在工厂企业也要尊重师傅，认真学艺。第八篇，信义朋友："出门交友宜细心，是非善恶要分清；为人处事重信义，真诚朋友应真心。"诚心待人讲究害人之心不可有，防人之心不可无，交友要交好友，古人说得好，在家靠父母，出门靠朋友。实际里面也包含我们在各个工作岗位上要讲究质量、讲究诚信，这样企业发展了，每个人的收入也提高了。第九篇，见义勇为："人生在世讲真理，敢斗邪恶伸正义；助人救急是美德，不为名利树正气。"见义勇为，对于邪恶敢于伸张正义，勇于助人，见到坏人不能熟视无睹，拔刀相助应当提倡，不为名利所惑，树立正气，消除歪风邪气，人人有责。第十篇，修身养心："努力学习勤锻炼，修身养心常自省，心灵美来身体健，共创界龙新文明。"努力读书，增长知识，加强锻炼，身体健康，誓把界龙建成文明村。

《劝民歌》唱响后,界龙村发生了极大的变化,文明新风和煦吹,家家户户心灵美,全村高唱《劝民歌》,界龙村里尽朝晖。

这十篇《劝民歌》,句句明事理,字字讲道理,通俗易懂,喜闻乐见,能唱能背,当作座右铭,使界龙村一年一个样,三年大变样。

顾立明老人临终前泪流满面,他担心结怨十余年的三个儿子会推卸照料后母的责任。老人指着《劝民歌》上第6篇说:"手足之情诚可贵,左邻右舍胜远亲;万事皆要讲道理,相互之间要关心。"大儿子顾正义明白了老人的心思,主动找弟弟沟通,表示要服侍好后母。于是,兄弟间"一笑泯恩仇",共同照顾起后母。

规则是社会文明的基石。社会文明形成需要自律,也需要他律,需要循循善诱的劝导,也需要法律制度的规范。脏乱差等不文明之所以屡禁不止,既有规则意识不强的原因,也有违规代价不高的因素。正因此,界龙村出台过一些规章制度,但有的人我行我素,没有达到预期效果。现在有了《劝民歌》,唤醒了村民的文明意识。

文明其表,制度其理,构建起这个时代的社会文明,呼唤更为有力的措施,形成"一时不文明,时时受约束;一处不文明,处处受阻碍"的规则意识,在村民心中更好地播撒,社会文明必然蔚然成风,人人争创文明村,个个要做文明人。

二

中国是历史悠久的文明古国,数千年来,广大劳动群众在生活、生产实践中提炼出许多富有警世意味的俚谚俗语,历代贤哲圣人则在他们的著作中留下了无数启人心智的名言佳句。《中华圣贤经》就是这样一本富有启迪性和哲理性,知识层面宽广,寓意深长的俚谚俗语、名言佳句之集成,它既是炎黄子孙世世代代处世智囊的结晶,又是中华民族优秀传统文化的精粹,更是每一位华人凭理处事、居官从政、治家劝学、言谈举止、待人接物、修身养性必备的经典。古今贤文,诲汝谆谆,集思广益,多见多闻多识广,观今鉴古,无古无今,与时俱进,开拓创新。

《劝民歌》的学习、宣传、实践,使界龙村的企业发展更加稳固,收入也年年两位数增长,使村民感受到实质性的收效。当时,邻村先看到界龙的企业这么赚钱,都仿效性地办起了村的印刷厂,个体也办起了小印刷厂。这时,界龙企业特别是印刷的员工也成为这些后办小企业的香饽饽。后来发现,界龙厂的印刷工,早班在界龙做、下班后去邻村的企业做。不能容忍的是有专长特长的机修、制版、业务人员,损害界龙厂的利益、谋取私利,而且涉及人员较广,对集体企业经济造成很大伤害。在这样的情况下,界龙村党委决定,家家编写"家训词"。家训,便是对家庭的行为规范的确定,也是父母对子女的训导。《后汉书·边让传》:"髫龀夙孤,不尽家训。"父祖为子孙写的训导之辞。如北齐颜之推撰有《颜氏家训》、明代袁黄的《了凡四训》、明末朱柏庐的《朱子家训》、清代李毓秀的《弟子规》、西汉司马迁父亲司马谈的《命子迁》、宋人王应麟著的《三字经》等,都蕴含着极深的处世哲理,人们把它当作做人的典范来教育子女及后代。中国古代有许多内容丰富、形式整饬的家训体著作,唐人柳王比的《家训》、宋代司马光的《家范》、袁采的《袁氏世范》、朱熹的《朱子训子帖》、陆游的《放翁家训》等,家训不仅具有约束家庭成员的言论举止的意义,而且曾经影响社会各阶层,成为被许多家庭共同遵守的社会行为规范。家训也是有关社会和人生的积极的启示。

家训,顾名思义,犹门风。指一家的传统作风,风尚。北周文学家庾信《哀江南赋序》:"潘岳之文采,始述家风。"潘岳,西晋文学家,与陆机齐名,辞藻华丽。明人辑有《潘黄门集》,集中有《家风诗》、宋代陆游《书感》诗:"烟蓑雪笠家风在,送老湖边一钓矶。"

家训,老一辈革命家为我们树立了榜样。周恩来总理严守党的机密,对夫人邓颖超也守口如瓶;陈毅元帅在革命有困难的时候,首先动员自己的岳父下乡;国务院副总理习仲勋对子女严格要求,并且告诫子女"要夹着尾巴做人"。由于家风严，家训更严，因此，习近平总书记在福建担任省委书记时，对亲属们约法三章，不准亲属到他任职的地方经商。伟大的领袖毛泽东，对子女要求非常严格，教育他们要有崇高的理想，高尚的情操。毛泽东有两句非常有名的家训："近朱者赤，近墨者黑，盛名之下其实难副"和"人怕出名，猪怕壮"。由于毛泽东的家风严格，给子女们受益匪浅和启迪作用。如毛泽东多次让李敏看京剧《打金枝》，意在引导李敏婚后要孝敬关爱体贴公婆。如果我们的党员干部，尤其是各级领导，都能像老一辈革命家那样以身作则，树立起好的家风，那么，国风、党风、民风、社会风气就会好起来。

　　家训的确很重要。时下确有一些年青人放任自流，走下坡路，从善始登，从恶如崩，不思进取，不稼不穑，饱食终日，无所用心，无所事事，浑浑噩噩，虚度年华，主要与没有良好的家庭教育很有关系。因材施教循循善诱，谆谆教导启发，兼听则明，偏听则暗，德育莫违，才能少走弯路，少跌跟头。因此说，家训对教育孩子的成长至关重要，不能马虎。只有好的家训、严格的家风，才能培育孩子成长。温室的花儿是经不住风吹雨打的，只有经风雨见世面，在大风大浪中锻炼成长的人，才会成为一个大有作为的人，对社会有用的人。

　　界龙村委在《劝民歌》的基础上，发动大家写家训，如：界龙第一村民小组施美珍的家训写道："做一个有道德、有文化、讲礼貌、讲团结的界龙人。"这18字的家训，五讲四美当个文明人，为家为村，不忘初心，甘于担当。家训中突出一个"勤俭持家，尊老爱幼，遵纪守法，破除迷信"的中华传统美德。中华民族，自古讲究"仁义道德"，"做事须顺天理，出言要顺人心"。"论起荣辱富贵，如过眼烟云。""世事短好春梦，人情薄似积云。""交友之失宜察，交友之后宜信。""远水难救近火，远亲不如近邻。""夫妻相敬如宾，不愁家中无金。""居家不得不俭，创业不得不勤。""富贵不能淫，贫贱不能移，威武不能屈，权势不能侵。""做事须循天理，出言要顺人心。""溺爱并非对子亲，严教才是真关心。""思养儿女为防老，可怜天下父母心。""莲出淤泥而不染，竹经霜雪而更青。""退一步天高地阔，让三分柳暗花明。""吃苦菜，莫吃根；交朋友，莫忘恩。""美不美，乡中水；亲不亲，故乡人。""饮水要思源，为人莫忘本；知恩不报恩，枉为世上人。"界龙一队吴志毅说得好："有志者，事竟成；无志者，万事空。"孙亚芳说得好："严则爱，松则害，严爱结合，子女成材。"这真是经验之谈，值得仿效。

界龙村民在写家训时，牢记社会主义核心价值观。界龙村还及时编了《社会主义核心价值观好》：大江南北处处春，城乡一片气象新。山美水美人更美，各族人民齐欢欣。提倡核心价值观，求真务实为百姓。廉洁奉公严律己，消除腐败国强盛。祖国富强民富裕，发扬民主当主人。精神文明立新风，温馨和谐聚宝盆。人人自由言心声，个个平等受人敬。司法公正讲公平，树立法治明似镜。爱党爱国爱人民，立志敬业小康奔。崇尚诚信守信用，待人友善邻里亲。社会主义价值观，妇孺皆知得民心。认真学习牢记胸，清明盛世舞乾坤。发挥社会正能量，振兴中华梦成真。浓墨重彩绘蓝图，江山万里花似锦。

在编写家训时，首先村干部带头写，董事长费钧德身先士卒，第一个写家训，他在家训中写道："凡我子女，谨守家训：克勤克俭，以史为鉴；志在天涯，学无止境；尊老爱幼，修身养性；遵纪守法，一介平民；一旦为官，清正廉明；报国为家，吾日三省。"费钧德董事长的家训在界龙村引起了强烈反响，大家一致说："老书记费钧德，带头写了篇家训，富有哲理，意义深，值得推广到全村。"

村民周国元谈起家训词时深有体会地说："母亲早年丧夫，含辛茹苦将6个子女拉扯成人。周家的家训就以母亲为人的形象作蓝本：'工作要勤奋，生活要简朴，处事要律己，处世要崇礼。'"村民孙明娟的家训是："对长辈要有孝心，对朋友要有诚心，对事业要有雄心，对困难要有决心。"村民戴国华的家训是："劳动所得，毫不客气；不义之财，分文不取。"村民费德根膝下有两儿一女，小儿子在村彩印厂业务部门工作。一天，老费听说彩印厂有个业务员，涉嫌经济犯罪，他急忙找来儿子再三告诫，要他引以为诫，并亲自操笔，为他订立"家训"："合法致富是正道，不义之财切莫要，钱财不是万能物，非理强求总有失。"儿子听取了父亲的教诲，后来成了厂里优秀的业务员,并在城里买了两套商品房,开上了小轿车,过上了幸福的生活。村民胡某与邻居因建房发生争执,两家互不相让。这时村里干部拿《劝民歌》来宣讲说:"你们不是一直在唱左邻右舍胜远亲,相互之间要关心吗?"经协商,胡某将屋后树木移到别的地方,将水池作价拆迁,屋前树枝锯掉部分,一起邻里矛盾就这样化解了。

村民们自觉地撰写"家训词",你一言,我一语,把家训当作家庭宗旨,如家训中写道:饮水要思源,为人莫忘本。知恩不报恩,枉为世上人。梅开二度为争春,人活一世为报恩。量大能消千年怨,德高常记一滴恩。成人之美真君子,妒贤嫉能是小人。树大招风风撼树,人为高名名丧人。健健康康乃为福,平平淡淡才是真。让饮酒时就饮酒,得饶人处且饶人。多读古书开眼界,少管闲事养精神。好言一句三冬暖,恶语出唇六月寒。相见时难别也难,东风无力百花残;春蚕到死丝方尽,蜡炬成灰泪始干。为民心似春天暖,工作情同夏日炎;反腐好比秋风后,斗敌犹如冬雪寒。害人之心不可有,防人之心不可无。平日待人多厚道,急难自有人相扶。

三

目前,界龙村呈现出一派生机盎然,一片兴旺景象,家家户户讲文明,男女老少讲规矩,遵纪守法,破除迷信,解放思想,收到了很好的效果。

广大干部村民职工通过以上十多年里《劝民歌》、家训词编写学习、实践等活动,不知不觉中发现集体企业又发展了,企业又扩大了。外资企业如新加坡、台湾、日本、美国等大型企业都来与界龙企业合资、合作,业务不断增加。销售、利润、村民福利也随着年年增长,他们都体会到村党委、村委会推行的这些活动收效很大。但村党委、村委会并不满足,还发现界龙村村民虽然从农民转变为乡镇企业职工、再从乡镇企业职工升格为上市公司的职工。当时根据上市公司的资格,上海市可开放对上市公司的乡镇企业实行社会养老保险。1998年开始达到女职工50岁、男职工60岁可享受上海市

统一的社会养老保险金,当时的退休金比农村养老金要高出三倍以上,但广大村民职工,怎么从农村生活转变到城市生活?习惯会有很大差距。例如:庭院环境、室内环境、洁具的清洗、个人穿戴方面等。为此,经村党委、村委会发出倡议,搞现代生活方式的指导、学习及实践。当时,村里组织了50岁刚退休的女职工,60岁刚退休的男职工近80人,进行学习、培训,并指导每家每户去做。而且每个月检查,然后进入十星级家庭评选。把以上优良习惯稳固下来,所以才能真正成为全国文明村的标准。当时的标准是:"生产发展、生活宽裕、乡风文明、环境整洁、管理民主"等等。

从20世纪90年代起,界龙村陆续开展了《劝民歌》、家训词,"现代生活指导""十星级家庭评比"、《新三字经》等文明创建的"五部曲",使村民在享受物质富裕的同时,精神也富裕起来,使老有所养,幼有所教,社会和谐,家庭和睦,村民及职工们爱岗敬业,村风民俗焕然一新。界龙村党委和界龙村也分别获得了"全国先进基层党组织"和"全国文明村"光荣称号。

现在,界龙村根据村民们的物质文化需求,推广符合实际的精神文明建设的新农村,在继续开展编写《新三字经》的基础上,切实有效地加强界龙村村民职工思想道德建设,规范村民职工的行为,提高村民和职工的整体素质,形成良好的社会风尚和稳定的社会秩序。

作　者：徐　玲
创作格言：真实记录，真切感动，为大江大河中勇立潮头的时代楷模而歌。

党建激活企业创新发展的红色引擎

——界龙集团党建风采巡礼

在上世纪60年代，界龙村开始探索创办村办企业，并走上了一条发展工业、村企联动的社会主义新农村建设之路。

1997年3月，浦东新区第一家村级基层党委——界龙村党委成立，在组织上将界龙企业和界龙村纳入同一个党委统一管理。2016年5月，经浦东新区区委组织部批准，界龙集团所属企业的党组织从界龙村党委独立出来，组建了界龙集团党委。发展过程中，界龙集团始终重视加强企业党建，增强党组织的凝聚力、吸引力和战斗力，以发展和民生作为工作的主题，充分发挥好企业党组织的作用。

让村民富起来　生活幸福起来

上世纪60年代，界龙村穷得叮当响，老书记费钧德对此深有感触。村里有劳动力1100个，种植1800亩土地，年收成最好时每亩产出100元，"一个人一年的开支超过种地的收入，辛辛苦苦一年，还倒欠村里30元。""以工补农"是费钧德最初的想法。

村里有个农机修配站，费钧德想办法接一些小五金的加工活，第一笔业务是加工了一批螺丝螺帽，5天赚了35元，相当于500斤麦子的价钱。到1972年，农机修配站年利润已达2万元，村里添置了拖拉机、收割机。村民的劳作负担减轻了，地里收成上去了，村里的开支可以不向农民摊派了，村民"吃不饱"的问题也解决了。

1973年，村里开办了印刷厂，第一笔业务是加工一批"六六六农药"的包装纸袋，纸袋上要印上各种规格的使用说明，每印一个纸袋的加工费是一厘，厂里的圆盘机一天可以赚10元，两台机器就是20元。算了一下，印刷业务比小五金加工更赚钱。

那时上海的手帕已经做得很漂亮，但都是一打装、五打装这样的大包装。国外市场要求供货商把手帕分装成小包装，装在透明的包装盒里，界龙接下了这批业务。费钧德回忆，今天看来普通至极的PVC包装盒，那时别说不会做，连见都没见过。但界龙人贵在有恒心。印刷厂招收了一批村民，买了100个熨斗，将手帕一条一条熨平，还折出树叶、领带、蝴蝶等形状。这批手帕由于包装精美，在第一笔外销生意中实现出口创汇22万美元。事迹上报到国家外贸部，小厂的名声也在外贸领域传开了。外贸部门总结说："小工厂开创了一体化服务的新模式。"

党建强　企业兴

一直以来，界龙集团重视企业党建的红色引擎作用，将党建工作全面贯穿于企业经营、管理和企业文化建设之中。

作为一家民营企业,经历了初创时的阵痛与思考,在改革开放的春风中,在党组织的正确指引下,集团大胆引进技术、引进人才,于1994年改制上市,赢得"中国农村第一股"的美誉。如今,集团拥有26家子公司、3000多名员工,总资产达40多亿元。界龙集团主业印刷包装业实力雄厚,连续多年名列中国印刷(综合)百强前十位,"界龙"商标被评为"中国驰名商标"。由于界龙企业经济的稳定增长,界龙村的经济收入也稳中有升。目前全村净资产达2亿多元,每年可支配财力4000多万元。

在发展物质文明的同时,界龙集团党委十分注重精神文明的协调发展。根据农村和企业发展新形势、新特点,创造性地提出"村企联动,文明教化",不断摸索形式多样的新载体,陆续指导开展十星级家庭评比、"界龙《新三字经》"征集等形式多样的活动,以文明创建的"五部曲"提高村民和职工的文明程度、道德素质和文化素质,构建和谐关系,促进企业和农村全面发展。与此同时,以文化培育为抓手,不断丰富精神文化生活:开展群众性文化活动,开设了保健养身、花草养植等学习班,组织村民和职工学习各种知识;成立了二胡民乐队、沪剧演唱队、合唱队、舞蹈队等十多个文体团队,志愿者队伍常年坚持开展活动。

界龙集团党委始终牢记,党建工作必须紧扣民生,找准做好群众工作的切入点。一方面,牢固树立"民生党建"的观念,想问题、作决策、办事情都要充分了解群众需求、尊重群众意愿、取得群众理解;要从群众切身需求和利益出发,着力解决好群众的实际问题,使群众从发展中得到实惠;另一方面,企业党组织必须紧紧团结和依靠群众,与职工同呼吸,共命运,心连心,共同为企业发展献计出力,始终保持同群众的血肉联系,不断提高做群众工作的能力和本领,争取广大群众支持、配合和参与我们的工作,真正让工作有效、让群众满意。多年来,党委心系群众,以民生为本,全心全意为广大村民职工办好事、办实事;密切党群关系,群策群力,充分发挥群众智慧和力量;积极承担社会责任,努力推动企业、社会和谐发展。

界龙集团将始终抓住"围绕发展抓党建、围绕民生抓党建"两大主题,深入研究党建工作所要应对的新课题与新任务,坚持以创新的思维和方法进一步开创党建工作的新局面。

作　　者：陶振扬
创作格言：我从山区农民的穷孩子成长为一个文化人，从小山村来到大上海，在共和国的摇篮里成长。当好时代的记录员，不亦乐乎。

问渠那得清如许

——费钧德的教育思想初探

十年前，界龙合唱团在上海大剧院《向祖国汇报——庆祝上海解放60周年大型文艺晚会》纵情欢唱的歌声，和之前的沪曲《劝民歌》、京歌《界龙颂》及司歌《龙腾四海》汇成一支激情澎湃、雄浑铿锵的交响乐曲，好像至今仍在界龙上空悠悠回响。半个世纪以来，以印刷为主业的界龙村和企业集团不仅经济发展成为业界翘楚，而且精神文明建设特色鲜明，闻名全国，两个文明建设双丰收，令人钦羡！本文拟在费钧德的教育思想对界龙精神文明建设的作用做深层次的探索，以另一个视角提出一些新的看法。

上世纪70年代初，川沙西郊一个800多户的小村——界龙，在费钧德先生（下称费总）带领下，办了十多家企业，于1994年成功上市。农民从田间地头纷纷进入工厂,发生了一系列的新现象:农民当工人,身份变了,但农民长期以来的无组织少纪律的观念没有变;农民的生产方式变了,上班之后空闲时间多了,通宵去KTV、舞厅和麻将室玩乐,家庭矛盾大量增加。农民收入大幅增加,大吃大喝,铺张浪费;赌博比阔,争夺地基,改造马桶、粪缸为卫生间、化粪池,邻里争执纠纷骤然增多。

费总既是村里的书记,又是公司董事长兼总经理,常常被这些家长里短纠缠。有职工将企业生产用的纸张偷偷拿回家,很多人熟视无睹,费总批评了,职工还要顶撞,说什么企业不是你费家的,大家都有份,不用你管。这些现象,既蕴含着农民向往新生活的朴素要求,也更多地反映出农村、农民面对社会经济的激烈变化不适应,是长期以来旧思想观念的新表现。

一、多样化教育方式

1、道德化教育

针对发展中出现的新问题,费总一直思考怎样教育村民职工。首先是办村民学校,进行职业道德和文化教育。1996年初,费总从香港的《劝世文》和《醒世恒言》中受到启发,要办公室编一本针对村民、职工教育的《劝民歌》。初稿编好发给各企业和各村民小组征求意见。4月中旬,我深入子公司和村里了解,企业老总反响很好,说职工迟到早退、吊儿郎当的现象少了,互相帮助,上班认真干活的多了。村民反映一顾家三兄弟为争地基已经多年互不往来,其父病重,担心死后妻子(后妻)无人照料。学了《劝民歌》,老大主动向兄弟认错,表示兄弟和睦,携手送父亲去医院治疗,保证以后关心好继母。

《劝民歌》内容紧紧贴近村民,分创业敬业、遵纪守法、夫妇好合、勤俭持家、敬老爱幼、亲邻和睦、尊师重友、信义朋友、见义勇为、修身养心十个方面,加上开篇点明改革开放时代,共计11篇(《劝民歌》全文附于后)。上下几经修改,每篇四句,每句七言,精炼押韵,朗朗上口。为了更好听,更好记,费总又以上海人喜闻乐见的沪剧谱曲,请沪剧名演员茅善玉演唱录音,制成歌曲磁盘,发给村民职工,在收听学唱过程中自觉接受教育,像春风化雨,润物细无声。我先后写了《春风化雨润界龙》和《映日荷花别样红》两篇文章(前一篇作为浦东新区精神文明巡回演讲稿,后一篇发表在《文汇报》1996年11月头版,标题为"界龙村民争做文明人 家家户户吟颂劝民歌"),报道学唱《劝民歌》所取得的效果。1997年6月12日下午,浦东新区举办精神文明正气歌报告会,报告费钧德与《劝民歌》等内容。

1997年初,费总考虑到家庭是社会的细胞,每个家庭搞好了,整个村子就好了。做父母亲的总希望自己的子女学好样做好人,成器成才,不会教唆他们去偷去抢。于是发动村民撰写家规家训。然后由村民小组长收上来,稍加修改,保持原汁原味,发回户主认可签名,再用搪瓷片制成,镶上镜框,可挂可摆,永久流传。如费总家的家训词:"凡我子女,谨守家训;克勤克俭,以史为鉴;志在天涯,学无止境;尊老爱幼,修身养性;遵纪守法,一介平民;一旦为官,清正廉明;保家卫国,吾日三省。"有的题写"认认真真做事,老老实实做人";"劳动所得,毫不客气;不义之财,分文不取。"许多家庭把家训词放在家里最显眼的位置,常常对照检思。《劝民歌》和家训词都是自己教育自己,以德治村的好方式。从此,家庭和睦,邻里和谐相处,互相帮助的风气与日俱增。2001年11月4日,《文汇报》头版二条以《道德教育歌长吟》为题,对界龙的《劝民歌》和家训词的教育方法表示肯定。在此基础上,开展"现代生活指导",成立现代生活指导小组,利用村民学校辅导每家每户养花种草、烧饭做菜、卫生保健、文化娱乐等课程。然后每月检查家庭卫生与环境,监督村容村貌状况,以村民自我管理、自我完善与村指导小组监督约束相结合,结合"十星级家庭"评比活动,形成人人爱卫生讲文明,家家争当文明户的新风尚,为农民转化为现代工人,由农村生活方式转化城市生活方式,缩小城乡差距奠定基础,开创了有界龙特色的社会主义精神文明建设。

2、艺术化教育

费总深谙人的教育是需要多方向、多层次和多种形式,如《劝民歌》,

谱上沪剧曲谱，听起来、唱起来就增加了艺术感染力和道德教育亲和力，使人在愉悦之中接受道德理念。于是，他想把界龙人的精神用激情高昂的京歌来表现，请薛锡祥（歌词作家）和我创作《界龙颂》歌词，请任丹生（上海音乐学院作曲家）谱曲（附《界龙颂》于文后），由各企业业余学唱，以弘扬界龙人的创新精神。然后又编成歌舞，1998年9月22日，在北京人民大会堂"中华魂"文艺晚会上演出，这是由中央人民广播电台、中央电视台戏剧音乐部和教育台共同举办的。界龙有幸和中国音乐学院、总政歌舞团、五粮液集团等15家单位同台演出。

之后，费总邀请上海知名作家创作公司司歌《龙腾四海》（附文后），要求各企业学唱，组织司歌演唱比赛，司歌高亢激昂，气势雄伟，令人精神振奋，斗志昂扬。还与牡丹画苑合作办书画培训班，暑期让界龙员工和村民子女参加学习，提高艺术素养。在公司大门边竖起雕塑——《腾》，一个由圆形地球三根彩柱（表示印刷三原色）和龙构成。雕塑20多米高，呈巨龙飞腾之势，象征界龙前程远大，腾飞世界，以视觉艺术激励员工追求卓越之精神。

3、文体性教育

上世纪80年代末，费总就要求外贸界龙彩印厂办《界龙简报》，上市公司成立之后逐步改编为八版的《界龙报》，使之成为对内教育员工，对外交流信息的纸质媒体，也是一种很好的教育形式。《三字经》是我国数百年以来历久不衰，开蒙启学的好教材，在新的形势下，利用三字经的格式，创新内容，撰写《新三字经》，也是寓道德教育于文化之中的好方法。2009年，费总倡导企业员工编纂《新三字经》，公司办公室带头创作，先后上百位员工撰写了《新三字经》，选择部分作品，陆续在《界龙报》上发表。另外，集团公司创建了图书馆、乒乓球室、篮球场、足球场、网球场，并组建足球队，开展健康活泼，奋发向上的文体活动。村里创建了多功能厅、村民职工学校、文化活动中心（含有图书室、乒乓球室、棋牌室、台球室等文体设施），组建合唱团、沪剧团、二胡队、歌舞队等等，全部免费给村民、职工提供阅读、文艺观赏和健身锻炼，为开展群众性的文化娱乐和体育休闲活动创造条件，让人们在愉快的活动中接受健康的道德、艺术和文化教育，又强身健体、增强体质。

除了文化道德教育之外，费总十分重视对员工的技术培训，长期聘请上海出版专科学校的汪兆良教授和陆秀忠讲师辅导印刷学、色彩学和印刷机械等科目，全面提升员工素质。同时加强对集团中高层管理者的教育：如组织各类形式的培训，每周六下午组织集体政治学习，每年经济工作大会邀请专家学者作报告，介绍经济形势，企业经营管理和提高员工素质等专题。他还提出八字界龙精神："创意、务实、团结、奋进"，随着企业发展改变调整经营宗旨："我们要成为：为客户提供策划、设计、服务的世界一流供应商"，为企业的文化建设把舵定航。

二、教育的效果与意义

如上所述，对职工、村民的教育是一个全方位、立体化、网格化的系统工程。体现以人为本，以文化人的理念，村企联动，"三教"（指道德、艺术和文化教育）合一，文明教化。"三教"是互相联系又相对独立的，道德教育含有艺术与文化的因素；艺术教育，文化教育载有道德因素，文以载道，艺以载道也！20多年来，长期坚持并不断完善《劝民歌》、家训词和"现代生活指导"等形式的教育，取得了许多良好效果，对界龙的两个文明建设意义重大。前面已经述及一些效果与意义，下面将比较全面系统地总结概括其效果与意义。

首先，显而易见的是职工、村民素质大有提升。其主要表现在使农民向现代工人转化，较快适应工业化大生产的要求，组织纪律性，自我管理能力显著提高；团队协作精神、质量意识、爱岗敬业水平大幅提高；尊师敬老、亲邻友好，使家庭矛盾和邻里矛盾大幅减少。原黄楼镇几任书记都明显感到，镇里开会，界龙的干部与村民的素质明显高一些，文明礼貌好，开会没有人说悄悄话、抽烟，发言水平高，会场上见不到一个烟头或纸屑。

其次，职工素质的提升有益于企业生产。"三教"合一，持之以恒，使农民容易转化为现代工人。环境整洁、人际关系和谐、员工心态好，有助于生产操作的稳定性与产品质量的稳定，提高情绪生产力。能够顺利实现农民观念的转化本身就是件很不容易且有重要意义的事。

再次，有利于提高界龙的知名度与美誉度。上海是全国印刷业最发达的地区，国有企业实力强大。当时人们总认为国企是王牌、正规军，村办企业出身的界龙是"杂牌军""土八路"。随着界龙人才引进与技术引进，产品质量优胜，加上《劝民歌》和家训词等有特色的道德教育，如《文汇报》先后两次头版报道界龙的道德教育成果，《解放日报》《新民晚报》和《新闻报》、上海电视台、东方电视台和上海广播电台等相继报道，这有助于界龙树立良好形象，引起社会各界对界龙的评价加分。

最后，有利于与精神文明建设结出丰硕成果。界龙采取"三教"合一、村企联动、文明教化、成果累累，受到广大人民群众和各级领导的关注、肯定，先后被评为全国先进基层党组织、全国文明村。这些光荣称号的获得，既是荣誉，成功的光环，也是进一步搞好精神文明建设的动力和精神源泉。

三、教育动机的探索

历史潮流滚滚向前，难免泥沙俱下，如：重物质、轻人文的现象严重。人文精神的丢失，使当代人沦为"物质人""经济人"。世风日下，我们呼唤人文精神回归，是践行社会主义核心价值观的需要，客观说明物质文明的充裕必然要求精神文明的丰满。在这个前提下，研究费钧德先生的教育思想，意义深远。费总的教育内容丰富，方法多样，形式生动活泼。他的教育思想概括地说，是以人为本，以文化人，村企联动，"三教"合一，把理念、道德、价值观和审美情趣糅合在一起，长期坚持理论联系实际，寓教于乐，实现文明教化。从这个意义上说，费总是一个地地道道的教育家。由于其创业的成功，被巨大的企业家光环屏蔽了。

下面，先从客观上探究费总教育思想的动机。按物质与精神的辩证关系，人们在物质需求得到满足之后，必然追求心灵的愉悦和精神的丰沛，包括对通往艺术和文化的需求。这是人类自我追求，自我完善的客观规律，与著名的马斯洛关于人的需求层次理论相吻合。这使教育适应人的需求，渗透人的精神领域，以人为本、以文化人的教育得以实施的客观基础。

主观上，费总对道德教育（包括艺术教育和文化教育）转化村民、职工思想具有清醒认识。用哲学家歌德的话来说就是：他明确地意识到他自己的信念和思想，认识到自己并且由此开始也深切地认识到别人的思想感情。这信念和思想就是带领村民、职工共同富裕，不仅追求物质富裕而且追求相应的精神丰富。这是费总坚持教育的根本原因，原始动力和文化基因。1999年5月9日，费孝通先生到界龙考察，费总向费老汇报并讨教对职工和村民的教育问题，两人比较一致的倾向是"富了口袋要富脑袋"，长期坚持以丰富多彩的教育方式来进行。

教育是一个大范畴，具体地说采用什么教育方式方法，跟企业的当家人的兴趣爱好，生活体验有关。费总很爱学习，善于学习，可谓做到了"留心处处皆学问"，而且喜欢音乐艺术。因家庭成分是富农，少年失学，青年时期创业受委屈，就会拿起笛子或二胡解忧除烦，净化心灵。所以在教育的方式方法上，心有灵犀，善于采取多种形式的寓教于乐的方法。

综上所述，费总对村民、职工的教育思想、教育内容、方式方法、效果意义及其教育动机是互相联系的一个有机整体，已经并继续发挥着潜移默化的教育作用。印证了费总常常挂在嘴边的一句话，"响应党和政府的号召，两个文明一起抓，两手都要硬"，使得界龙的两个文明建设硕果累累。如今，走在界龙大道上，走进界龙的企业，发现人们更加坚毅自信，更加和蔼可亲；耳闻《劝民歌》，更加温婉多情，《龙腾四海》司歌更加豪迈雄壮；看到界龙的村庄和企业更加卫生整洁，更加文明美好。

问渠那得清如许？为有源头活水来。

作　　者：陶振扬
创作格言：我从山区农民家的穷孩子成长为一个文化人，从小山村来到大上海，在共和国的摇篮里成长。当好时代的记录员，不亦乐乎。

梦回界龙

——回忆我在费钧德先生身边工作的岁月

1994年8月初，我从浙江来到上海界龙，先在公司人事部负责职工教育。后到办公室当秘书和主任，继而为公司高管。在费钧德先生身边工作19年，直到退休。当时费钧德是界龙实业公司董事长兼总经理，习惯称他为费总。19年来的朝夕相处，经历了许许多多的事情，至今历历在目，犹如昨天，以至常常梦中回到界龙，总有一个熟悉的身影，带着慈祥憨厚的笑容出现在我的面前。

为家人花钱不心痛

父亲去世早，费总就特别孝敬母亲，兄弟多人，由他夫妻俩照料母亲晚年，生活费用、看病买药之类统统由他负责，不摊派兄弟。注重教育，培养两个儿子成为国际名校硕士回国，继承父业。

夫妻恩爱，相互体谅。费总从业务员到负责经营管理成为界龙当家人。妻子理解丈夫工作的辛苦和重要，相夫教子，勤俭持家，主动承担全部家务，支持丈夫的工作。丈夫很爱妻子，经常说不要舍不得吃，不要太节约。逢年过节，常常把好菜推到妻子面前，把鱼肉夹到她的碗里。公司上市后，经济收入提高，妻子仍旧十分节约。过年前，费总催妻子去买衣服贺新年。妻子说："这衣服怎么样？好贵！要500多元。"费总连说不贵不贵，你是业务经理，要和客户打交道，好几年没买一件像样的衣服，还可以买更好一点的，八百一千也不算贵，在你身上花点钱，我不心痛！"

但花企业的钱费总是心痛的。妻子全力以赴地工作，业绩优异。按彩印厂规定：个人业务年超过一定的量，奖励个人专用小汽车一辆（限10万元一辆），每年连续超额可以奖励高档的车。一般业务员外出由厂里派车。1995年，吴宝珍业务量1200多万元，以后连续每年都有递增。有人跟宝珍说：你是老板娘、业务经理，业务量又高，应该享用好车。费总对妻子说，汽车能用就好，不要要求太好。言下之意领导夫人要以身作则，多为企业着想。吴宝珍理解丈夫的良苦用心，坚持使用一辆旧普桑。

妻子常年劳累，积劳成疾。1999年久咳不止，彻夜难眠，10月份查出肺癌，且已晚期，无法手术解决。这犹如晴天霹雳，费总马上送夫人到上海肺科医院，请最好的医师，要求用国内外最好的药，中西医结合治疗。妻子患病期间，他谢绝一切应酬，宁可简单地吃一碗面条或两三个包子充饥，尽量多一点时间陪护妻子。每天早上先到公司处理重要工作，然后到医院看望妻子，有时白天工作很多或遇到上级领导来视察，即使晚上10点多钟，顾不上吃饭就匆匆匆赶往医院，陪到深夜12点多才回家。

费总到处打听治疗肺癌的消息，听说浙江富阳有个祖传三代的医师，用中草药治疗效果不错。但这个医师住在一个山区小镇，深山老林，道路泥泞，不大好找。费总想只要效果好，就是上仙山采灵芝也要找到他。他的亲戚和驾驶员说：你工作很忙，我们去找。费总坚持自己专程去富阳探访，带回几大袋中草药。

大年三十的最后一件事

人才是最宝贵的资源，作为一个村办企业，引进人才不易，能留下使用好更加不易。费总深明此理，专门为引进的人才安排一栋宿舍楼和餐厅，水质不好，又为他们专门打了一口井。为了让全体村民喝上清洁的水，更是斥巨资建造了界龙自来水厂，造福界龙及周边村民。

他对普通员工、村民同样十分关心，可谓爱民如子。员工、村民子女上学有困难，找费总；造房子有争执，找费总；生病住院请名医，找费总。出国在外，他就打电话授意秘书或驾驶员代他办理。有一次大年三十上午10点钟左右，费总里里外外总算忙完了，要我把老乔叫来。我想费总家里的花花草草没时间收拾，可能是叫他买几盆花到家吧。不料，费总却说："老乔，一年到头辛苦了，我给你买了条烟。"顺手一个红包塞给老乔。老乔张了张嘴激动得说不出话。老乔是厂里的绿化工人，偶尔帮助费总家里打理花草。这么一件小事，到了大年三十，费总还是放在心上！

2009年底，办公室文员小徐因重感冒突发急性肾炎，陷入昏迷，医生连下三张病危通知书，通过紧急抢救，仍然处于重昏迷状态，预后不良。家里并不富裕，父母担心人财两空，愁苦犹豫。费总出差回公司得知情况，当晚10点多钟驱车赶往医院，表示愿承担一切费用。于是，联系名专家会诊，全力抢救，小徐终于脱离危险，渐渐康复。

滴水之恩，涌泉相报。这是费总信奉的金科玉律。每逢中秋和春节，费总要感谢新朋旧友和客户。其中有个朋友是《解放日报》的名记者，这位记者中风后半身不遂，拄着拐杖来公司感谢费总。因工作关系我与记者接触较多，他费劲地告诉我，平时朋友很多，但真正遇到困难就见不到人影了，只有费总对我最关心，既请名医给我抢救，又安排车子接送上医院，还给我营养费。我真的是上辈子积德，才有费钧德这样一个真朋友。

震撼人心的一幕

每天上午第一件事，费总通常是到企业转转看看，再到办公室。界龙集团下属有20多家企业，重点关注骨干企业和新办企业。白天忙别的事情或者开会，晚上要去"补课"。即使周六和周日，费总也坐不住，让办公室预先告诉他哪几个企业在加班。他到了企业就像观察自家的小花园，见了自己心爱的宠物。看看地面、机器是否清洁，材料、辅料（油墨、机油等）放置是否安全妥当。要么看看工人的生产操作，问问有关生产质量和业务情况。如果夜间遇到子公司老总在值班就像看见了自己的亲儿子般高兴。有时我陪同到企业去，偷偷看看手表已经是夜里11点半了，但他还是精神饱满饶有兴趣地问这问那。后来，我慢慢地体会到，他走走看看是一箭双雕，一方面对子公司员工是现场解决问题，是一种鼓励；另一方面可以使他及时发现企业的实际问题，对企业的生产质量、业务订单、企业管理了如指掌，有利于经营决策。

费总与美国前总统克林顿交谈中，说了他办企业的初心是为了解决温饱，是逼出来的，明确认识到根据我国国情，要从农业国转化为工业国，需要将大量的农民转化为工人，这也是一个村的致富之路。因此，他视企业为家，全身心地投入办企业，做强做大，带领农民发财致富，发现有人损害企业利益，他感觉像割他的肉一样，即使事情过去多年了，他说起来还是痛心疾首。这痛心来自他关爱企业的大爱情感。1973年开始办小印刷厂，刚好他的大儿子出生，取名为"屹立"，意思是农民依靠乡村企业转化为工人，希望这个政策不要变,要立住;新办的小印刷厂一定要办好,要屹立在世界东方。1979年,改革开放后,干出了一番不平凡的业绩,被评为川沙县先进个人,长期受歧视的"黑五类"子女终于赢得了一双双敬重的目光,他感到由衷的喜悦和自豪,恰好小儿子出生,他就给小儿子取名为"屹豪"。

2006年4月21日,界龙印制的《锦绣文章》作为国礼,由胡锦涛主席赠送美国耶鲁大学校长的消息传来,费总感到界龙屹立世界东方的曙光闪现,无比激动而兴奋,愉快地拉起二胡,又吹起笛子,快意自得的乐曲四处荡漾。

震撼人心的一幕来了!2018年上半年,社会上刮起一股民营企业"离场论""过时论"的阴风,甚嚣尘上,政府拆违、环保减量化,银行去"杠杆"等等。界龙被逼得告贷无门,拆东墙补西墙。

这时召开临时股东会,我作为小股东参与其中,费总果断提出:"我和妻子商量决定把市区唯一的一套住房和一套商业房产抵押给银行,我的大儿子积极响应,将住房和商业楼面房抵押给银行,支持公司还贷。希望大家风雨同舟,渡过难关。"堂堂的界龙集团大老板,一个古稀之年的知名企业家,为了解决公司流动资金,竟然把自己的住房抵押出去!这是多么大的勇气和自信,这是对企业爱得多么热烈和深沉,这与范仲淹的"先天下之忧而忧,后天下之乐而乐"的胸怀多么相似乃尔!

有时我与朋友聊天时说,你干了十几年,赚了几千万,年纪轻轻就买了别墅享受起来。而我原工作单位是全国知名上市公司,董事长费钧德在全国同行业中赫赫有名,干了三四十年还舍不得买一套别墅,把钱用在企业的发展上,真的是难能可贵啊!

费总的爱心还撒向了广袤社会,如汶川大地震、云南大旱、玉树地震、为贵州建希望小学等赞助超千万元。

费总对家人、亲人、朋友、职工、企业和社会可谓宅心仁厚,大爱无疆。对大爱精神追本溯源,觉得用著名经济学家亚当·斯密一段话来解释比较透彻。亚当·斯密在《国富论》和《道德情操论》中,用同情的原理来解释人类正义感和其他一切道德情感的根源,说明道德评价的性质及各种美德的特征。

这种道德情操植根于人的心灵深处，是人类社会存在的基础。他说："仁爱、仁慈、天伦之情、友情、尊敬等发自内心的感情倾向，有助于人群之间的融洽合作。"的确，费总的仁慈大爱是植根于他内心深处自然流露的情感，毫无作秀或为获取某种利益的假仁假义。从他对母亲的回忆可以看出这种情感是深入骨髓的坚固和深沉。

  这也是我一辈子难以忘怀的事。费总的母亲去世后，叫我负责主持追悼会。来参加追悼会的人很多，除了本家和亲友，还有些不请而来的邻居、职工、政府官员、知名大公司的客户代表、澳大利亚驻华大使等，可谓群贤毕至，名流云集。在这么隆重的场面，说几句经过多年奋斗功成名就，终于为母争气争光之类的话是情理之中，而费总一字未提自己的成绩，只是感激母亲的教育，深情地回忆少年时代肚子饿得难受"抢"吃了食堂剩下的粥。老师很同情泪流满面地教育他们，母亲批评他"不是自己的名分，不要去占"。为工厂跑业务领的出差固定补贴被当作"多拿款"要退赔，他想不通。这些多拿的钱母亲完全知道的，是大队领导给予的交际费用。母亲安慰他"吃亏是福"，如果一定要我们退还，就把自家养的猪卖了赔偿。母亲与人为善的教育陪伴他成长，感恩精神融化在他的血液中，化为时刻关爱他人的自觉行动，久而久之，相由心生，形成一脸憨厚，慈眉善目的佛陀之相，洋溢着慈爱。

  我虽离开了界龙，但这仁慈之光常常穿透黑夜，熠熠生辉，闪耀在我的梦中。

文学路上的资助人

——记上海界龙集团董事会主席费钧德

文学的道路,就如一条充满着艰难、曲折、崎岖的山路,特别是在伸手不见五指的黑暗里更是无法行走,此时此刻如果有一盏灯或一束光照亮一下,瞬间就会让你感到温暖、感到一股热泉流入心房,精神为之一振,继续向着那光辉灿烂的顶点攀登,续写着感天动地的新篇章……

本文向你介绍的就是一位文学路上的点灯人——上海界龙集团董事会主席、企业界的领军人物费钧德先生。他痴心于文学,几十年如一日,关心文学事业,支持文学事业,并投入巨资组织作家编辑撰写了《界龙印象》《界龙集团志》《界龙村志》等一大批图书,让一位位作者写下的文字变成了书稿,

变成了书籍。实现了梦想,展示了风采!费钧德支助文学事业的感人事迹,也留了下来,飘香在浦东大地上……

记得在2014年秋,大地金黄、稻谷飘香,在这个丰收日子里,由费钧德先生投资,笔者和陆雨欣老师组织编辑出版的《梦圆之旅》一书,首发仪式于当年11月29日在美丽的界龙总部园——樱花厅内隆重举行,当时的情景历历在目:豪华的大厅内灯光辉煌、流光溢彩,会标上《梦圆之旅》分享会不断闪烁、滚动,吸引着参会者的眼球。参加的有上海市作家协会理事胡绳梁,浦东新区有关部门的领导鞠佳国、陈永昌、李幼林、丁娜弟,中国作协会员倪辉祥、刘希涛等资深名家、企业家共100多人,费钧德代表编委会作了重要讲话,盛况空前,上海各大媒体及浦东电视台分别进行了专题报道。《梦圆之旅》也引起轰动,畅销浦东、红遍浦东,费钧德在浦东这块文学的热土上又点亮了一盏灯,放射出耀眼的光芒,照亮了文学的路,像陆雨欣在费钧德的支持下,把近几年来创作的200多篇散文结集编辑成《浪花》《又闻桂花香》——陆雨欣文学作品选,并由中国出版集团现代出版社出版,实现了出书的心愿;已退休、今年70多岁的池波,由于退休早,工资收入低,根本无能力出书,但池波老师勤奋创作,第一部长篇小说《血与爱》完稿后一直无法出版,第二部《还原》又创作完成了。池波去寻企业家资助,又四处碰壁。在无奈的情况下,池波抱着试试看的心情,写了一封信给费钧德,恳求资助或购点书,以解决出书经费不足,想不到费钧德收到池波的信后,深深地为池波这种一生追求文学事业、书写了这么多的作品而敬佩,当即在信笺上批示:可考虑以购书的方式资助,请办公室和陆雨欣商量后落实。消息传来,池波激动万分,深深地为费钧德这种乐于在文学路上做点灯者而敬佩!

衡量一个企业家是否成熟的标准是什么？是金钱？是地位？全不是，而应该是"在追求自身的利益过程中，为其他人带来幸福"。由于职业关系，笔者接触采访过许多企业家，有的"家业"比费钧德还要大，但让他们在文学方面作点贡献，做点公益，回报社会犹如"铁公鸡"就是一毛不拔。甚至连自己每天也要走的路也不肯投资，面对购名车、嗜赌等糜烂生活却乐此不疲，挥金如土。我想，随着时间的流逝，社会的考验，这种"企业家"必将成为过眼烟云。而企业家费钧德尽管在近几年的中美"贸易战"中受到了一定的影响，企业损失也较大，界龙实业的股票也有一段时间的下滑，但费钧德还坚持对文学事业的资助。据笔者掌握的信息，2015年全国杂文学会联络会在浦东举行需要会务等费用，还有出版印刷《浦东杂文》等书资料，会长夏友梅、吴树德为筹资而绞尽脑汁，一连打了多个电话，请求笔者同费钧德商量一下，尽可能安排支助一点，我想杂文学会在浦东召开是浦东文学界的一件大事、盛事，只要有充分的理由，相信费钧德一定会答应的。

第二天笔者就驱车来到了界龙集团公司，同集团志办公室主编陆雨欣一道走进了费钧德办公室，请求资助杂文学会有关经费事宜，真让人想不到费钧德一口答应，从自己的存款中划出一笔巨款资助浦东杂文学会，希望学会办出成就、办出特色，为浦东走进新时代唱好赞歌。还有《浦东文学》《走向辉煌》《时代先锋》《异军突起》《见证风采》《情系水务》《上海企业家》等100多本图书和杂志也有费钧德的心血和汗水。

费钧德已逾古稀，半个世纪的创业至今，已走向成功，留下了许多精彩值得回忆、书写，人民日报、经济日报、光明日报等中央媒体也作了专题报道，作为我们一个新时代的文学追梦人，更要用笔去揭示和寻找费钧德现象内在的规律，让更多的人学习费钧德的经营之道、成功之道、做人之道、文学之道已迫在眉睫！

2018年春，笔者和陆雨欣老师共同策划采写了大型报告文学作品《费钧德与界龙村——一个共同富裕的典型》，揭示了费钧德"成人之美"的博大胸怀和高风亮节、一心为民治企理念是走向成功的唯一法宝。费钧德常说：

一人富了并不富，只有界龙村富了，才算富。今天的界龙村已步入了富裕之村，每年村级集体经济收入都高达 3000 多万元。每当费钧德站在办公楼里，打开窗户，眺望着界龙村日新月异的变化，惊喜着界龙人的文化、政治、道德素质的提高，和新一代界龙村的掌舵人——马凤英的飒爽英姿，费钧德脸上露出了满意的笑容，心里像吃了蜜一样的甜。

2019 年春，笔者又同陆雨欣老师一道，策划了大型报告文学选《费钧德·人文情怀》，组织了浦东、上海的 20 多位资深作家学者赴界龙村、集团公司走访村民采写界龙村人看费钧德、评费钧德的专题，旨在从 10 个不同的视角，像童年梦想、青春年华、峥嵘岁月、艰苦创业、改革腾飞、心系百姓、绿色环保、夕阳满天、社会公益、家庭幸福等，逐一展示费钧德成长的人生轨迹，并集结成书，由上海文汇出版社出版。

值得一提的是，为配合迪士尼，美化环境，打造世界一流的集旅游、商贸、休闲为一体的景点，界龙集团已拆迁了 3500 多平方米的厂房，这无疑给界龙集团带来了一定的影响，而费钧德服从大局，果断执行！为了企业的强大和发展，依然迈出了令人想不到的划时代的行动：在浙江平湖计划征地 300 亩，投资十亿多元，组建"界龙浙江包装印刷基地"。现已购置土地 85.6 亩，投入资金 3 个多亿，已建厂房 8.5 万平方米的"浙江外贸界龙彩印有限公司"，不久会投入运行。界龙，东方的巨龙，已经横空出世于中国，震撼于世界！

回顾笔者同费钧德的交往，屈指数来有 8 年了，俗话说："日久见人心"，8 年中让笔者看到了费钧德热爱文学、资助文学，为繁荣文学事业而贡献的一颗赤诚之心，而这颗心所发出的光和热是那么浮光耀金，照亮了许多文学追梦人，在文学这条道路上笔耕不辍，持之以恒，取得了显著的成就，留下了记录时代的无价精神财富，费钧德功不可没。一面面"肩负社会责任，热心文学事业"的锦旗，再次见证了费钧德是一位"文学路上的资助人"的高尚情怀！相信在费钧德的资助下，文学路上的追梦人会更多、更壮观、更繁荣……

作　者：曹刚强　蔡贡民
创作格言：幸福源自奋斗，
　　　　　成功在于奉献，
　　　　　平凡造就伟大。

一个村办厂长的人生片段

—— 记上海界龙彩印厂厂长费钧德

他大概不会朗声大笑，生活铸就了他沉稳的性格。卧蚕眉下，那目光柔和安详，不乏睿智的光亮。

他，平平常常，一个村办厂的厂长而已。

他，毕竟饮誉一方：川沙县政协常委，自学成才的印刷、机械工程师，手里擎着一个年利润近 300 万元的界龙彩印厂。

自他来到这个世界，地球绕着太阳走了 42 周了。

他一路踉跄。

费钧德，父亲留给他这个名字，曾经置下 18 亩田的父亲，同时留给他一份颇有分量的"遗产"：富农子弟。

1962年，盛夏。费钧德在县城读完了初中，他品学兼优，可由于是富农子弟，竟没敢考高中。农村才是他的去处。

乡亲们视他为秀才，一回家，队长就来动员他当会计。钧德那个喜哟，不亚于拿到了高中录取通知书，一时，空空荡荡的老屋里，充斥了算盘珠"噼里啪拉"的欢跳声。一个月后，会计上任了，但不是费钧德。队长最知内情：上级说了，财权不能掌在富农子弟手里……

已是眉清目秀的小伙子了，自有热心牵红线的婆婆婶婶撞进门来。第一次赴约，费钧德怀着几分神圣，几分羞涩，一见面，心凉透了，姑娘是个智障！抑或是偶然？可第二回，确确实实，人家给介绍的是个"恐龙"。他愤怒了，撕一张纸，重笔浓墨，写下了一个等式：

费钧德＝呆子＋丑八怪？

他其实不必打问号，这个等式在当时是成立的。

他无力抗争，只学会了吹笛子。六个笛孔里迸发出来的，却总是那如泣如诉的《二泉映月》。溜圆的笛孔，排遣着多少忧郁、悲怆，还有希冀。一个残阳如血的黄昏，他刚吹出几个音节，便觉胸口有一股热浪涌来，一张口，一摊血；病魔缠身，他连吹灭烛火的力气也没了。

西医说他是癔病，中医说他是内伤。知儿莫过母。母亲的良方是让儿子换个环境，把他送到上海哥哥家疗养。

住处对面，有一家街道厂，唤作上海建国螺丝厂。一回两回，他和工人们混熟了，生产科长成了他的好朋友。

"到我们厂里来吧。"科长说。

当然是说说而已，费钧德户口在农村，乡下河水流不进苏州河呵。

然而，一年后，他却把苏州河水引到了乡下。"我有门路，办一个五金厂。"他怯生生地递上建议。

建议，被守着穷摊摊叹气的大队干部们采纳了，界龙村第一个企业应运而生，但费钧德仅当了个没有权的供销员。

然而，他还来不及为自己的价值总算被人发现和得到承认而欢欣，乡下传话来了："贫下中农的手脚都烂光了么，让富农子弟当外勤？你，还是回去吧。"

空荡荡的老屋里，复又传出《二泉映月》那悲凉的呜咽……

心欲奋飞，心欲奋飞呵！

他是只雄鹰，不怕困苦，但怕缠绕；他是匹奔马，不怕路遥，但怕陷阱。

日历翻到了 1983 年。

费钧德已是界龙彩印厂的副厂长了。他是工厂的创办人，是实际上的当家人，但他毕竟还不宜当正厂长。

正啊副的他不在乎，把事业搞上去才是真格的。他潜心钻研印刷技术，四处奔波扩大印刷业务，与上海外贸系统 17 家公司，160 多家工厂建立了业务联系。

他设计印刷的手帕包装，在全国印刷装潢设计评比中获得一等奖。

他像蜂蜜般飞来撞去，忙碌中，界龙彩印厂年利润达到 42 万元，冠压群芳。

有那么一两位在当地身份不凡的人物，斜眼注视着费钧德，嫉妒，派生人云亦云，界龙村沸沸扬扬传开了费钧德"经济犯罪"的舆论。

工商部门闻讯，调去了彩印厂全部账册。

其实，费钧德正全身心地筹划实施进口国外先进设备、提高工厂竞争能力的发展方案，当冷拳袭来，委实无暇顾及招架。

然而，他越是想把全部精力注入事业之中，莫名的谈话，无端的责问，乃至赫然贴上厂门的大字报，越是使他不得安宁，连最理解他的爱妻也沉不住气了，冲到他的办公室："你再干下去，怕要吃官司去哩！"

费钧德回：你抬抬头，看见了么，屋角上那乌黑的大蜘蛛！一张蛛网上只能有一个蜘蛛，懂么？

看来，费钧德唯有落荒而去了。他要去寻找一方安定的绿洲。他自有好去处。合庆、城镇……有四家印刷厂登门求聘，许以颇具诱惑力的条件。他原可以毫不费力地当个万元户。可那不是自己的志向呵。

凝视茫茫夜空，他想起了他的几位朋友，他们一个个都是出类拔萃的人物，为乡村办起了利润可观的工厂，但在压抑排挤之下，一时失意，英雄气短，丢下亲手创建的基业，愤然出走，或做了墙外之花，或当了个体户，虽然个人经济收入可观，可工厂垮了，每每老友相逢，唯有壮志未酬的悲叹……

他又想起了自己创业的艰辛。

……1978年8月初外贸公司交给界龙彩印厂试制PVC高级礼品手帕盒的任务。外商十天后来上海看样，乡村领导要他和所有企业人员下田抢收抢种。费钧德苦苦恳求留下几个人，均遭拒绝，还几次责令他本人回队劳动。他"阳奉阴违"，从上海请来几位老师傅日夜兼工，如期交出了试样，被外商看中，一次订货4万套。界龙彩印厂从此被列为外贸的定点厂，费钧德却因此受到"抵制以农业为基础方针"的呵斥……

俱往矣，历史自会作证明。

想到这里，他的心反而踏实了。许久没有笛声传出的老屋里，悠悠然响起了一曲《满江红》。

终于，当费钧德确定进口设备计划，绘出厂房蓝图，计算好投资额度的时候，工商部门送回了账册，做出了费钧德没有经济问题的结论；乡党委派来了新的党支部书记。这位颇具眼力的新书记，提议费钧德担任界龙彩印厂的厂长。

可是，羁绊种种，毕竟已阻遏了奔马的冲速。这一年，界龙彩印厂所创利润，由前一年的36万元，跌至25万元。

这就是今天的中国农村；一边是欲喷的改革火山，一边是冷峻的历史岩层；一边是现代文化汹涌的潮声，一边是传统文化厚重的积淀。

1984年，仲春。

像这春日枝头的蓓蕾，界龙彩印厂孕育着全新的风姿。

现代化的大生产需要组合，费钧德懂。不过，那不应是那种扶老携幼式的组合，他向往的组合，正在他心中酝酿：

界龙彩印厂与新加坡协茂私人有限公司签订了协议，成立现代印刷纸品有限公司。国产的电脑用纸，将从这里源源不断地流向全国、流向世界。

界龙印刷厂与上海外贸包装进出口公司拟定，联办上海外贸界龙彩印厂。这儿将成为出口产品的包装、装潢基地。

费钧德不会使历史变得更伟大，而正是历史让他有了出息。这位中国共产党的预备党员别无企盼，只求日后两个拳头都能用来拓展宏图。

作　者：董昊
创作格言：让平和幽默滋润心田，以感恩悟道圆融人生。

界龙人民心中的公仆

——记界龙集团董事长费钧德先生

龙，是华夏儿女的图腾。

我们都是龙的传人。

从远古时代到现今社会，龙一直"陪伴"着我们这些炎黄子孙，而"炎黄"就是龙的化身，永远在我们的血脉之中。

今天，我们要说的界龙村，是龙的栖地之一，因为他们也是龙的传人。

龙与我们不同的是，它教会下凡的我们如何成为顶天立地的英雄。

界龙人费钧德先生做到了，他的接班人也正在努力着……于是，笔者想起了歌坛大佬李宗盛创作的一首歌——《真心英雄》。它抒发着人们对英雄的尊敬和崇拜：

……

  把握生命里的每一分钟
  全力以赴我们心中的梦
  不经历风雨怎么见彩虹
  没有人能随随便便成功

  把握生命里每一次感动
  和心爱的朋友热情相拥
  让真心的话和开心的泪
  在你我的心底流动

…………

  转坐上海的轨道交通2号线到唐镇地铁站，换坐上海公交车1055路到底。对面，一个城市化的乡村展现在眼前：一条条规范的马路、一排排整齐的民居、一簇簇美丽的花卉，让第一次来这里采访的笔者感到一丝丝惬意。

  戴静江、戴月华、戴影霞、费根龙、高士宇、孙菊明、张燕萍7位界龙人的代表，在戴莉瑛女士的安排下，向我讲述了他们心中的上海界龙集团有限公司及它的领头人费钧德先生的过往。笔者又一次被打动。

  界龙，是条什么龙？居然让"无数英雄竞折腰"？他们说，界龙是条龙，现年73岁的费钧德先生是条龙，界龙村3000多位村民都是龙。

  界龙村，是我们这个时代的英雄村，村里出了个真心英雄，他叫费钧德。他有"降龙十八掌"，将一个名不见经传的小村庄的经济，做成了中国500强。这是界龙人的骄傲，也是上海人的自豪。

  费钧德先生的"费"，在姓氏中应该读"肥"，第二声。然而，现代人不会读。就像当初，"上海外贸界龙彩印有限公司"成立时，上海广电局的主持人把它读成"上海外贸界""龙彩印有限公司"这样的破句。

  岁月悠悠，岁月渐渐洗染着我们的一绺绺白发，人生，是一列向前行驶的单行车，每一天都是一个新起点。回顾，那是检点走过的道路，憧憬美好的前程。

许多人静默地走过一片片斑斓，告别了多彩多姿，蝶舞莺啼；道别了懵懂的青春，轻狂的年少；一切似一瓣瓣飞花，悠悠落幕；莫等光阴驻足，岁月停歇。

生活犹如万花筒，喜怒哀乐，酸甜苦辣，相依相随。选择的路上，每踏出一步，就意味着离结局越来越近，而不是去改变什么结局，只因为，在决定道路的那一刻，结局也已经书写好了。

也许真的生活不如意，但不必太在意。珍惜拥有、善待自己，让我们的心中永远有一片阳光照耀的晴空，把眼前的痛苦看淡，或许痛苦之后就是幸福。

我们就从"界龙"这两个字说起……于是，费钧德先生成为了本文的主人翁。

龙的传说

在奇书《山海经》中有"龙生九子"之说。他们为普天之下的苍生服务，给人类带来苦难和幸福，也带给了我们欢乐与智慧。

"龙之九子"分别为：长子囚牛，喜音乐，立于琴头。次子睚眦，嗜杀喜斗。三子嘲风，走兽的领头。四子蒲牢，喜音乐和鸣叫。五子狻猊，为文殊菩萨的坐骑。六子赑屃，上古时它常背起三山五岳来兴风作浪，后被夏禹收服而治水成功。七子狴犴，主持正义，能明是非。八子负屃，雅好斯文。幼子螭吻，为雨神座下之物，能够灭火。

现属上海市浦东新区川沙新镇的界龙村，位于川沙老护塘的西侧，属于江海冲积平原，成陆于1500多年前。公元751年，也就是唐朝天宝年间，这里开始有大量的居民在勤劳耕作。当时，还没有"界龙"这个地名，到了明朝初期才定名的。

界龙之名由何而来？当地有个传说：明朝洪武三年（公元1370），御史中丞兼太史令刘伯温（刘基）十一月被封诚意伯，岁禄240石。第二年，刘伯温居乡隐形韬迹，饮酒弈棋。路经浦东，发现界龙地域，这块地似蛟龙，有龙头、龙尾、龙爪，龙气若隐若现，风调雨顺，村民丰衣足食，海上贸易往来频繁，与当场海禁相悖，故担心明朝大厦不稳，遂在当地筹建"假龙庙"以镇风水，历时3年后假龙庙成而地名也确立。屈指算来，已有600年了（1373-1973），一条"真龙"竟成——费钧德与印刷组。

然而，此处真龙假龙，村民不究其竟，后因上海话里"假""界"音似，外界人以讹传讹，界龙之名由此而来。东海之滨，浦江之畔，上天之龙下凡也有可能，现在看来，界龙地名真的名副其实。

在我们遐想着龙带给我们吉祥的同时，一个缭绕不过去的"龙的传人"是上海界龙集团有限公司（界龙集团）。它的带头人，1968年起先创办了小五金加工厂，初试从农民到工人，1973年带领村民又投资1000元创办小印刷组的费钧德先生。

参与座谈的人，都有这样的感觉：漫步在时光长廊，溜入岁月长河，手心存留的，却是飘零的落叶，一丝寒意。许多记忆已在时光莞尔中，悄然流失，有些零星的片段，断断续续，模糊瞬间的情绪；是那些光阴度过了岁月，一季季上演着重复的主题；有些却流逝在指间，淹没在长河里，再无音讯，回首之际，"人面不知何处去，桃花依旧笑春风"。时过境迁，物是人非，光阴如水。不寻常的字语导致不寻常的人物的诞生。

当年，我们羡慕矗立在浦东新区塘桥的由由饭店的成立，暗示着上海农民的第一代人的经济崛起；同时代的上海申申实业有限公司在奉贤冒尖，标志着上海农民经济的原始结累达到顶峰。而这时的费钧德先生，早已带领着界龙集团，形成企业的良性发展，开始迸发勃勃生机，招兵买马、引进技术、引进人才，驶上了发展的快车道。企业规模壮大，工业销售额从最初的63万元突破2亿元。

走过长长黑夜，只为迎接一生里短暂的黎明。走过岁月，走过生活，心里有许多感慨，也有所感悟。我们不得不说，龙的精神才是中华儿女的本质，才是我们力量的榜样,才是本文为之一探究竟的立意所在,也是作为豢龙氏后裔的心语心愿,更是界龙村居民感恩的方式。

若不是真龙下凡,那毗邻的高桥村、杜坊村、新春村、栏杆村、长丰村及妙境村,怎么没有这么好的发展呢?归纳起来,有几点疑问:

——地名唯一的确定是主要的。高桥村在上海还有两处,一处在松江区,一处在金山区。还加一个高桥镇和高桥石化公司。全国叫高桥村的竟然有60多个,令人匪夷所思。新春村、长丰村也是存在同样的问题。

——杜坊村由多姓宅组成,不利于发展与合作。杜坊村由徐家宅、刁家宅、唐家宅、王家宅、宋家宅、张家宅、杜家宅、王华孙家组成,还不如称"联宅村"更确切(杜坊村,在改革开放前他们的村民自嘲上海话"大荒村")。

——栏杆村与组成的康家、姚家、曹家、徐家、高家、王家、奚家、潘家、孙家、周家10个村民小组,有什么关联?抑或每家每户由"栏杆"相隔的村庄?

——妙境村的东面和北面与川沙镇城区犬齿相交,受城镇的思维影响,难有独立发展的思路和运气。

周边的地理位置和习惯理解,决定了唯有界龙村能在沉睡了600年后醒来腾飞,有了为国家经济建设的添砖加瓦。

现实中生活总是存在太多苟且,太多远行的梦也常常在无奈中搁浅。其实不一定非要背上背包,坐上飞机去到另一个陌生的城市旅行才叫远方。在笔者看来,眼里有诗,心中有梦,自在远方。

龙的传人

界龙,即是下凡的龙。它盘踞在中国的东海之滨——界龙村,为我们浦东人民带来榜样的力量,带来腾飞的机遇,带来共同富裕的希望。这条龙,就是费钧德先生和他带领的界龙集团。

如今的界龙村东与南高桥村、杜坊村接壤,南与新春村为邻,西与栏杆村相连,北与长丰村、妙境村为界。全村占地2.98平方公里,13个村民小组,有 1100 多户人家、户籍人口约 3500 人（2016 年底统计）。

值得回味的是，历史上政府对界龙村的管辖是很不确定的。

唐天宝十年（公元 751 年），华亭置县，界龙村域属长人乡十七保三区三十八图。

元至元十四年（公元 1277 年）华亭县升为华亭府，次年改为松江府后，以及当"梦里依稀慈母泪，城头变幻大王旗"的宋代初期，界龙村域属没有发生改变。

元至元廿九年（公元 1292 年）农历八月十六，界龙村接受了一次隶属变更，成为那时上海县的属地。

这一天，一场罕见的海上飓风突袭渤山东的海湾。那天午时，瞬间，正航行在这个区域的 92 艘南粮北运的船只和正在建造尚未成型的雏船全部被巨浪卷走，官员、军人、水手、工匠、民工，以及随船、随工家属无一生还，全部漕粮也随船沉入海底。面对海上惨剧，政府的航海雄心开始动摇了。郭守敬疏通运河北段竣工的消息传来，加剧了统治者忽必烈的海禁决心。于是，郭守敬得钞一万二千五百贯，官至太史令职兼提调通惠河漕运事。现在浦东张江科学城的一条马路，纪念着这位伟人的功绩。同时，界龙村被归入上海县管辖。

前一年设立的上海县，县治定于上海镇（原南市，今黄浦），县衙设在上海镇来榷场（十六铺），为海禁措施之一。

一直到清代的雍正三年（公元 1725 年），界龙村又一次被变更隶属关系，成为南汇县（1726 年，清雍正四年）的属地。是年夏，直隶大水成灾。政府赈济饥民的同时，决定经营畿辅水利，兴办水利田，调来江南、浙江老农教授水田耕作技术。第二年，官私垦田八千多顷，每亩可收稻谷五至七石，收效明显。南汇成为输出技术农民的主要地区，当地居民的减少，界龙村等被并入南汇县。

到了民国政府时的 1927 年 7 月 7 日，上海特别市设立，上海县治所在的南市地区划归特别市，界龙村仍属南汇县第三区三房乡。

中华人民共和国成立后的1950年6月，界龙村域划归为川沙县（1805年，清嘉庆十年设）城厢区，1961年6月属川沙县黄楼乡。一直到浦东新区成立，川沙撤县划入新区，当地居民才真正成为名副其实的上海人。

红尘中，年华苍白黯然失色，我们都走在了时间的边缘，簇拥着自己内心的落寞，增长了日益无助的寂寥。

人生本如梦，岁月不留情。每一步都刻满了一生的选择和等待，每一步都镶嵌了环环相扣的一生样式的密码。人生只有经历才会懂得，只有懂得才会去珍惜，一生中总会有一个人让你笑得最甜，也总会有一个人让你痛得最深。一步既可以是一生，一生也可以是一步。有时只要改变一步，也就改写了整个的一生。

作为界龙集团的创始人，费钧德先生在他23岁那一年懵懂中开始了他的职业生涯。当年费钧德先生受大队委托，筹办"小工厂"——五金厂。善于思索的他便往市区考察调研，去取得第一手资料。那时，他住宿在黄浦区的一条小马路上的兰考旅社里，通铺房间里几十个素不相识的跑业务旅客为费钧德先生当起了"诸葛亮"。

曾经的梦想实现了，那就给心灵一个假期，每次旅途，心中或许莫名的多了几许荒凉，内心惶恐：我们这个城市人头攒动，其实比大漠更荒芜。我们总在担心，哪一天自己走着走着走丢了，这个世上还有谁能记起我。

刘若英唱道："后来，我总算学会了如何去爱，可是你，早已远去，消失在人海。后来终于在眼泪中明白，有些人一旦错过就不在。"此时的费钧德先生，也许有一分无奈，也有几分不苟言笑、心气繁杂，也只有在两个儿子的成就中体会到一丝的安宁。

在这不很漫长的历史时期，界龙村并没有显得举足轻重，但改革开放的春风，给了界龙人自信，给了费钧德先生机会。

作为采写界龙集团与费钧德先生，笔者有理由认为现今黄浦区盆汤弄42号的兰考旅社，是今日界龙村的革命性"摇篮"，也是界龙集团与费钧德先生万里长征途中的第一次"军事扩大会议"。

从上海的"建国螺丝厂"联系到的第一笔加工业务，工作了 5 天赚了人民币 35 元。每每谈起当年的这笔业务，费钧德先生说，那相当于 500 斤麦子的价钱。这对于界龙人来讲，是"界龙企业的第一口母乳"。

有一年的春节，村委会召开外出工人回乡座谈会，与会的费钧德先生发现村里有 12 个人是在上海不同的印刷厂工作。这个看似不怎么重要的信息，被费钧德先生敏锐地抓住了，也就有了"界龙大队印刷组"的构思。

界龙村的印刷业是如今界龙集团的主心骨，是它的辉煌带动了界龙人的名气。其实，界龙集团的前身是 1987 年 10 月成立的"界龙村经济合作社"。

1991 年，界龙村成立"上海界龙工贸实业公司"，1993 年 9 月变更为"上海界龙实业股份公司"。而"界龙村经济合作社"，此时更名为"上海界龙工贸总公司"。

1994 年至 2008 年，"上海界龙工贸总公司"从"上海界龙发展总公司""上海界龙发展有限公司""上海界龙集团有限公司"一路走来。到了 2013 年，界龙集团 13 家直属企业和控股的 25 家下属企业的"龙头"，华丽转身成为上海浦东乃至全国的知名企业，得到包括欧美国家十分认可的合作伙伴。龙的传人费钧德先生，也得到众多的荣耀光环，但也记录着他 40 年的艰辛与付出。

对于年逾古稀的费钧德先生来说，一恍满头青丝成白头。已临暮年的他，也许总是情不自禁地产生对夕阳有浓郁的悲悯及苍凉的哀悼之情，他更愿和青年人在一起，觉得心与相随，从而得以忘却自己对夕阳的情怀。

如今的界龙集团，已经涉足众多行业。

——公司主业包装印刷业发展迅速，实力雄厚，有 9 家专门从事各类包装印刷、书刊、报纸、商业票据及印刷器材的生产企业，已形成规模经营。公司承印的印刷品在国内外屡获金奖，其中，高档画册《锦绣文章》成为胡锦涛主席访美时赠送耶鲁大学的首要图书。"界龙"平版印刷工艺制品自 2004 年起连续多年被评为上海市名牌产品。2008 年界龙获评上海市著名商标。

一直以来，界龙集团十分注重技术创新和技术改造，坚持引进世界领先的生产设备，具备胶版印刷、凹版印刷、柔版印刷、数码印刷、丝网印刷等全套加工服务功能和印刷器材PS版生产功能，形成了策划、设计、排版和印刷及印后加工物流包装一体化服务的产业链。公司具有完备的ISO9001质量体系和ISO14001环境体系，保证了产品质量居国际先进水平。

——界龙集团下属的界龙房产开发有限公司立足于浦东，努力开拓市场，近年来开发建造的"界龙花苑"和高层建筑"界龙商务大楼"等项目分别被评为完整街坊、上海市文明小区和优良工程。公司在浦东新区川沙镇中心地段连续开发建造的"界龙新世纪公寓""界龙阳光苑""万馨家园"，已经成为川沙经典楼盘，塑造了良好的企业形象和品牌效应。

——2002年以来，随着浦东掀起新一轮小城镇建设的热潮，川沙镇新城区开发进入实质性启动阶段，公司适时成立"上海界龙置业有限公司"，并联合投资组建"上海界龙联合发展有限公司"，积极投身到浦东的小城镇建设和市政府的两个"一千万"工程中去，大大加强房地产新项目和土地储备力度，在浦东三林镇、川沙镇等地黄金地段储备大量土地拓展业务。公司在三林板块中标2005年上海市中低价商品房第一号公告中的第一幅地块，在此开发的"世华锦城"项目引起了社会的广泛关注。此外，公司积极参与新区环城绿化带建设，租地近1000亩进行规划、建设和发展。

——界龙集团下属上海界龙金属拉丝有限公司以生产各类纺织用钢丝为主，为纺织器材、纺织机械行业提供配套服务。同时，还生产其他各类中、高碳钢丝产品和优质钢线刀。产品行销中国大陆以及香港、东南亚等地区。集团进一步应用新材料、新技术开发金属制品新品种，开发技术含量高的新型纺织金属针布、钢针产品和钢丝圈产品，独占市场鳌头。

——公司下属上海界龙食品有限公司引进日本先进的全套生产流水线，以优质材料和先进工艺首创以新鲜牛奶生产的"真味"奶糖，在全国市场上一举成功，产品远销美国、欧盟、日本、澳大利亚、中东等国家和地区。"真味食品"近年来开发月饼系列，口味独特，款色精美，富于韵味，成为市场青睐的热点。

——集团为进一步拓展国际市场，取得突破性进展，集团国际贸易部贸易额近亿元。公司拥有自营进出口权和外贸代理权资格，代理各类商品、技术和服务的进出口业务。集团产品出口到美洲、欧洲、非洲、亚洲等全球20多个国家和地区。

界龙集团没有错过太阳，没有错过月亮，也没有错过群星，收获了花季又收获了雨季。在费钧德先生的带领下，界龙集团打开心窗，让阳光洒进来，给自己的心一首诗，给界龙人的心一个梦，给他们一个自在的远方。

现在的界龙人，是否在去感受人世间所有的诗意与阑珊、去探看人世间所有的纯美与风景的路上？

龙的传承

1973年，注定是不平凡的一年。到2013年，整整的40年，而今年快要"奔5了"。

青春是一首动人的歌，吟唱着最美丽的过往。那美好的年华如三月枝头的阳光一样灿烂。珍藏着我们纯纯的爱恋。季节在岁月中交替，寒暑在时光中缤纷，美丽在生命中次第。空山无人水流花深，自飘零。时光是一面镜子，镜子里有属于我们的曾经。

青春是一道明媚的伤，藏着伊人浅浅的笑。人生若只如初见，何事秋风悲画扇。青涩的岁月我们不懂爱情却付出了最真的感情。

那时的费钧德先生，揣着一颗虚怀若谷的心和时刻沉思带有前瞻性的头脑，最好个性中还残留一点点天真未泯的因素，才能冷静而不失快乐地游完旅程！聆听岁月，轻捻那些遗落在指尖的光阴。回望那些印在流年里的深深浅浅的生命的痕迹，让过往在回忆中依旧温润，让心在岁月中静好如初。

念起，便是生命中最美的风景。岁月是一首无言的歌，时光是一支笔，他用彩笔轻轻一绘便是阳春三月春暖花开。46年前，怀揣1000元的费钧德先生开始了梦的遐思，而他的龙子也在那年呱呱坠地。他的大名叫费屹立。

进入2010年，在稳固主业发展的基础上，界龙集团大跨步进军饮料行业，联手上海中医药大学合作推出了市面上首款天然植物混合普洱茶饮料——真味加"非茶6+1"。有意思的名字加上不一样的养生概念，是"70后"费屹立先生的主意。同时这也表明，这个金融硕士，曾任中国诚信证券评估有限公司投资银行部项目经理的年轻人，已经稳坐界龙集团上海实业股份有限公司董事长之位。

养生茶概念现在听来是新鲜，界龙集团已经在第13届国际电影节和第16届上海电视节上，争取到了"专用饮料"的名节。在费屹立先生的心中，比上一辈多了个民族品牌的梦。

费钧德先生说："1973年，我的大儿子屹立出生。取这个名字，用意就是希望中国乡镇企业屹立于世界东方。你可别说我异想天开，那时我们厂开开关关，每年今冬明春还要接受社会主义教育，我心里不是滋味，就想起码得让我们厂屹立不倒。

"就在那一年，我们认为小五金厂的前景不广，就组织从市区回来探亲的工人开座谈会，发现四五十人中有12名印刷工人。就此决定，再办印刷厂。当时不能叫界龙印刷厂，只能说是川沙县黄楼公社界龙大队印刷组。

"买第一台印刷机，颇费周折。我连跑了五家印刷机械厂，也连被五家门房赶出来。第五家的门房说，农村人怎么能买，我们的机器可都是部配的。我问他'部'在哪，他说北京。这下头疼了。我琢磨来琢磨去，最后还是找了在上海人民印刷厂工作的老乡，通过他买了两台要淘汰的机器，花了700元，还耗了几个月盖了十几个图章。

"1979年，我的二儿子屹豪出生。取名用意，一是自豪，二是富豪，我们农民也要富起来。

"我心里开始激荡一个雄心勃勃的想法：要升级，要做别人做不到的！经外贸公司的老友出主意，我找到中国包装进出口公司，由他们去机械部申请高档设备的进口许可。

"现在，我的二儿子屹豪辞了澳洲国立银行的工作，也回国加入界龙集团。

我们父子仨当时就定下一个目标：世界五百强。"

回想起父亲创业的那段岁月，费屹豪先生很感慨。他见证着父亲带领界龙人的突飞猛进，近50年的风风雨雨中，父辈为赢得市场、走向国际，形成印刷、房地产两大主业，并涉足文化创意、休闲服务业等领域，旗下上市公司"界龙实业"，被誉为"中国乡村第一股"。现在，当第二代掌权后，如何运作？

费屹豪先生说："我儿时记忆里，父亲工作特别忙，很少回家吃饭。那时候想父亲了，我就打个电话和他唠唠嗑。"

更多的时候，小屹豪喜欢放学后去父亲的工厂里写作业。他喜欢看着父亲忙碌的身影，"父亲为我们，为整个界龙村积累了财富，也为包装行业的发展做出贡献。"费屹豪先生希望自己也能成为和父亲一样有意志力、能为社会创造更多贡献的成功人士。

这是榜样的力量，时时激励他要勇于尝试，勇攀高峰。"父亲的身上有'四千'精神，令我终身受益。"一直以来，父亲创业的艰辛和付出，对费屹豪先生影响颇深。"走遍千山万水""说尽千言万语""想尽千方百计""吃尽千辛万苦"，这是父辈留给他最宝贵的精神和人生财富。

初中时，费屹豪先生选择了离家有一小时车程的寄宿学校，独立学习生活。高中时段，他选择前往澳洲，开启海外留学生涯。"我想要锻炼自己，让自己更快地跟上父亲的脚步，成为像他一样的成功人士。"

海外留学的那段经历，让费屹豪先生练就了一口地道的英语。"当时，我是澳中排名第三的中学里唯一的中国学生。"年轻的费屹豪喜爱踢球，正是这一特长，让他成为校足球队长，在成就自信的同时，让他更好地融入海外生活。

从知名学府墨尔本大学拿下工程与经济双学士学位的费屹豪先生，在大学毕业后顺利进入澳洲银行工作，从基层做起，5年不到就晋升为澳洲银行唐人街支行行长，这在澳洲的银行历史上十分罕见。"当时界龙集团发展迅速，对外贸易业务逐步上升，非常需要具有相当外语基础且有国外大公司工作经历的人才。"费屹豪先生回忆道，父亲很希望他能回来，带回自己在海外多年的知识和积累。2009年，费屹豪先生结束了在海外长达13年的学习和生活，选择接过"父亲的枪"上战场。那年的他，恰好30岁。

龙的传播

回顾历史，界龙人都感慨万分，完成了"续写'一个龙头，三个中心"的发展梦想'"。

1978年开始，界龙人陆陆续续关停并转了21家下属企业，于2001年10月，界龙发展总公司成功改制。

2002年11月，界龙实业与中国日报社合资正式成立上海界龙中报印务有限公司。

2005年11月，界龙公司股票正式复牌，公司股票简称由"界龙实业"变更为"G界龙"。

2005年12月，龙樱印刷设计网站开通，全面启动个性化商务印刷。网址：www.lonprint.com。

2006年5月，上海界龙实业股份有限公司正式更名为上海界龙实业集团股份有限公司，并以上海界龙实业集团股份有限公司为母公司，联合下属各子公司组建成立上海界龙实业集团。

2006年，界龙实业非公开定向增发股票方案获得中国证券监督管理委员会批准，重新恢复了资本市场融资功能。

2009年12月，由界龙实业集团与中国图书进出口有限公司合资成立的北京外文印务有限公司在北京人民大会堂举行盛大典礼，庆贺公司商业书刊厂开业。

2010年，集团优化整合资产，成立御天包装印务分公司专注于食品、药品包装，组建捷达文化用品分公司主攻游戏产品。界龙实业集团收购艺术印刷公司。

2010年,界龙实业入选上证民营企业50指数(上海共有5家企业入选),成为上海市场规模大、流动性好、最具代表性的50家民营上市公司股票之一。

2012年,经界龙实业2011年度股东大会选举产生公司第七届董事会,选举费屹立为公司第七届董事会董事长。

2013年5月,界龙实业集团总部搬迁至杨高中路2112号的界龙总部园,完成了又一次的腾飞。

对此,费钧德先生十分感慨:回顾风雨历程,多少乡镇企业风涌而起,名噪一时,上演传奇故事,又有多少昙花一现,溃于一夕,瞬间烟消云散!而界龙走到今天且始终呈阳线上升之势,根源于一以贯之的"创意、务实、团结、奋进"的企业精神,不靠关系、遵守法纪、诚信为本、公平竞争;根源于与时俱进的积极进取姿态和持续创新的活力;根源于管理层一心为公的公信力和员工们诚实勤劳的付出,根源于扎扎实实地开展界龙人思想道德、素质教育工作。

2019年市政府的《关于颁发"慈善公益模范奖"的决定》,界龙集团董事会主席费钧德先生获奖。这不是界龙集团和费钧德先生首次获奖。从费钧德先生担任领导职务以来,一直关心社会的公益和慈善。

"做实体其实就是做大公益。"界龙集团每年都会邀请大批外来员工家属来上海团聚。"公司里有不少外来务工人员,他们的孩子有很大一部分是留守儿童,利用暑假,我们出资请他们来与爸爸妈妈团聚,聘请专业的老师为孩子们上课,一家人其乐融融的场景正是我们所期望看到的,这也是对于员工很好的回馈。"费屹豪说,父母是孩子最好的老师,一如他的父亲那样,对于他人生的影响,"只有细水长流地灌溉,才能让未来的花朵更美丽地绽放"。

2012年1月8日,2012年度浦东新区"慈善联合捐"活动,界龙集团董事长费钧德荣获"慈善公益之星奖"。

界龙集团在经济发展的同时,积极参与社会公益事业,建立青年志愿者队伍,参与交通志愿者执勤活动、义务献血活动,以及在各类形式多样的文体活动中发动志愿者队伍参与其中互帮互助。2018年界龙集团助力精准扶贫,竞拍获得云南漾濞县河西村200年树龄的核桃树两年采摘权；界龙集团下属企业外贸界龙继续举办"关爱儿童快乐暑期"等公益活动。这些活动受到社会各界好评，界龙集团获评川沙新镇商会"2017年度慈善之星"。同时，界龙集团开展丰富多彩的文体活动，先后举办了羽毛球、足球、棋牌、桌球等比赛，开展交通安全培训、通讯员采风、职工拓展训练等活动，丰富员工业余生活，营造良好的企业文化氛围。

界龙集团以文明单位创建为抓手，与武警上海总队浦东支队二大队、黄楼幼儿园、川沙第二敬老院等单位长期建立共建社会主义精神文明活动，利用"六一""八一""敬老日"等重要节假日开展慰问活动，与官兵们座谈交流思想政治教育工作，为老人们送上沪剧折子戏，为幼儿园的孩子们送上益智书籍，这些都得到了共建单位的一致好评。

爱是一首无言的歌，因为懂得而心有灵犀；爱是一场生命的历练，因为经历而无悔无憾。爱是心灵的默默体味，爱是相濡以沫的你扶我牵，爱是心甘情愿的理解包容，爱是相知相伴的唯美盛宴，爱是共经风雨的不离不弃，爱是清浅岁月下动人的温暖。

时光有限真情无限，岁月易老真爱永恒，生命不能长久，唯爱可以不朽。爱是一种坚持，总有一个理由，让你坚守，让时间美丽；爱是一种陪伴，无需诺言淋漓，默然相爱寂静欢喜，让生活精彩；爱是一种习惯，习惯的气息习惯的呢喃，让心灵温暖；爱是一种甘愿，无悔选择将心停驻，让生命无怨。爱到平淡才是真，把最好的爱留在心底，相爱到老才是真情。

自2001年，界龙村集体企业改制工作全面展开。界龙改制的方案，一是承诺确保村民职工无一人因改制而下岗；二是拿出企业7%的股份留给集体持股；三是把当时非竞争性的两个企业界龙古园、界龙自来水厂仍留由集体经营；四是把一部分土地厂房留给集体所有。这一方案兼顾了国家、集体、个人三方利益，获得上级领导、股东和村民职工的高度认可。最终，村民代表大会表决全票通过了界龙改制方案。

改制后的公司成为一个由42位自然人股东和界龙村投资管理中心共同投

资的经济实体。新一轮的改制给企业注入了新的活力：企业运作机制有了极大的改善，主要经营者和管理者的工作积极性大大提高，与改制前相比，界龙企业销售持续增长，利润增长明显。

一路天涯相思路，一路红尘情相携，留下你我不移的爱恋，那么温馨，那样清晰，永远闪烁着情意的光辉，映射在心中的是难以忘却的温馨。

情可以平平淡淡，不在乎天长地久，爱可以轰轰烈烈，在乎你想不想拥有，能把你放在心上的人并不多，是否善待。

情放下即是快乐，爱随缘就会心安。放下，是一种生活态度，是人生的另一种坦荡，一种成熟后的胸怀。放下是无为而有为，无欲而有欲。

龙的传帮

没有人不想幸福快乐地生活，然而现实生活不尽如人意。独自等待，只为那生命中注定的缘分，尽管只是一个幻影。但那只是一场似花非花，似雾非雾的梦。追逐的不是梦，最终还会在不舍中远去。我们经常不能左右幸福，因为痛苦烦恼总是不期而至，面对痛苦烦恼我们也许无法逃避，但我们可以选择善待自己。一步很短，一生很长。一步一蹴而就，一生要耗费所有的力气和智慧。

世事纷繁，时光终是无言，而青春，又多么像一场盛大的烟火，易碎又那么容易凋落。再多绮丽精致的绚烂，都不过是一瞥惊鸿。一步闪现一瞬，一生烛照永恒。一步变得很重，一生变得很轻。

记忆的画面曾经一树一树的花开，是否还在某个地方静静地相守，花落之前将文字铺满诗笺，打捞那些沉淀在青春岁月的诗篇。

一步看似很短，一生看似很长，殊不知这短与长只是相对而言。作为曾经的界龙村党委书记，不断提高界龙村民的生活，也是他多年来的重要工作。为了持续增加村民的收入和福利，界龙村对退休工人和退休农民除了正常的社保退休金 2000 多元之外，还根据年龄给予每月 500 元至 2000 元左右的补贴，还将当年收入的资金按农龄给予分利。

他们还在村里创建了文化活动中心，创造性地开展了《劝民歌》、家训词、十星级家庭评比等形式多样的活动，不断丰富村民精神文化生活。2001年，界龙村党委获评"全国先进基层党组织"、2011年12月界龙村获得"全国文明村"的称号。

界龙村的生活条件改善了，界龙村站在这样的起点上，如何谋划新发展？费钧德和村党委认为：在更高层次上的发展，离不开强大的精神动力！他提倡家家户户立家训，人人会唱《劝民歌》，要成为界龙村的"一景"。全村250名党员根据社会主义核心价值观的要求，撰写起党员基本行为准则和党员自律词。

界龙村党委副书记、村主任费全标写的自律词是：坚定信念品德高，遵章守纪顾全局，清正廉洁不谋私，甘于奉献守原则。他感慨，群众心中有杆秤，相对群众而言，自己手中有"权"，责任重大，只有发挥表率作用，严于律己，才能使群众拧成一股绳。

唱响《劝民歌》，党员是带头人。村里的环境一度不能令人满意，村老年党支部的党员们带头开展整治环境卫生活动。不多久，参与的村民志愿者越来越多。日前，村民们还自己提出了一份《界龙村卫生文明公约》：自家的垃圾不准随意摆放；宅居中的公用部位做到有杂草必除；外来人员房客的卫生，房东必须监督管理……

结合党员们自己撰写的自律词，界龙村拟定本村党员的基本行为准则。因为华东路工程，位于拉丝厂东南的界龙一路路面塌陷，引起过往车辆和行人交通不便。接到群众反映，村委会很快修复了路段。针对老年人生活水平相对偏低的情况，经村党委、村委会讨论，从2018年4月1日起，对原界龙村农业户籍参加征地养老和镇保的现户口仍在本村的退休村民，给予每人每月100元至200元不等的退休补贴费，每月20日准时发放。

在党员的带头下，68户村民提出，要修改"家训词"。顾丽敏是要求修改家训的村民之一。如今，她用"选择了舒适，就是选择了平庸；选择了奋斗，就是选择了收获"的新家训，取代了沿用了 9 年的"少说空话，多做实事，勤劳致富，争创两个文明的先锋"的旧家训。村党委表示，将结合"八荣八耻"，指导居民修改家训。

与此同时，"十星级家庭"评选活动拉开帷幕。爱国星、美化星、法纪星、伦理星……每颗"星"都将以"八荣八耻"为准则制订具体标准，两年评选一次，获得十颗星的家庭，全村公布表扬还能获得奖励。

许多历尽风雨，拥有丰富人生的老伙伴，他们之中的经历各不相同，有的有果实累累辉煌的过去，也有平平凡凡的过去，但他们都有着一个共同的心愿，那就是充实自己的生活，让自己在有所乐的同时老有所为，为构建和谐幸福社会发挥自己的积极作用。

开展丰富多彩有益老年人的活动，真正做到关注老年朋友健康生活，引导他们抛弃一切不必要的忧虑和烦恼，使老人学会享受生活，去做自己乐意做的事情，让晚年生活丰富多彩，全面提高老年朋友的生活品质，界龙村的领导们做到了。

行于茫茫的人海中，遇见了是一种缘，不经意的一次回眸，链起彼此的情牵，默默守候一份平淡的感情，静静相伴走过岁月沧桑。

爱在平淡中温暖；情在相守中丰盈。总有一次相遇，让山水相依偎；总有一次心动，让天涯化咫尺。一份情，在风的呢喃里，柔柔诉说；一份念，在雨的柔情里，轻轻曼舞。牵着彼此的手，走进对方心中；念着彼此的暖，深知对方的意。

爱是一场生命的历练，爱是心甘情愿的理解包容，爱是清浅岁月下的动人温暖。心与心彼此靠近，魂与魂彼此相依，丝丝缕缕的思念，平平淡淡的温暖，时光有限情无限，岁月易老爱永恒，淡淡红尘情亦长，温暖岁月爱更香。

在喧闹的城市呆久了，在世俗的人际关系中疲倦了，便极想找一处僻静的地方安抚和安放所谓的心灵；便极向往与世无争，田园风光抑郁、或水乡的那种慢生活，天然去雕饰的风景更加让人心动神驰；而此刻界龙村的恬淡，小桥流水的诗意，古色古香的音乐与楼亭，都是我心中的诗与远方。

龙的传导

在 2018 年 6 月 20 日的座谈会上，戴静江、戴月华、戴影霞、费根龙、高士宇、孙菊明、张燕萍 7 位界龙人代表，深情地娓娓道来他们眼中的界龙集团和费钧德先生。

戴静江说，1987 年与时任界龙村书记的费钧德先生搭班子，见证了他的工作能力和平易近人的作风。在相处愉快的日子里，也学到了他很多优秀的品质。有一次，有人要去外地出差，需要"全国粮票"。作为当时的政策，需要用"上海粮票"去换。我们作为农民，是没有"粮票"之说的。费钧德先生通过自己的市区亲戚弄来了"粮票"，换了"全国粮票"无偿地贡献出来 10 斤。那时候，上海市区一个居民每月的定量是 25 斤。10 斤，那时是个多大的面子啊！

在工作中，费钧德先生的思路敏捷，常常抓到实处。在我分管的工作中，也常常来指导，我也虚心聆听，收到意想不到的好效果。

后来，我分管老龄工作，和费钧德先生接触少了，但遇到棘手的问题，还是会去麻烦他的。毕竟是一个村的邻居，又是自己过去的良师啊！

戴月华说，我原来是个普通的印刷女工。费钧德发现了我有跑业务的才能，就调我去了业务部门。为了不给同事看低，我每次外出都在市区住上好几天，感动了业务单位的领导。经不断磨练，我的业务能力渐渐增强。在工作中，费钧德先生经常关心我们部门人员的思想、业绩，毕竟他是第一任的业务副厂长。后来，我又在他的鼓励下，当上了技术负责人。受费钧德先生一心为民思想的影响，现在，我退休了，但还在为界龙村居民做些公益事宜。

戴影霞说，自己是个普通的工人，和费钧德没有直接的工作交流和私人的交往，属于最普通的界龙人。然而，在车间工作时，经常会得到费钧德先生的"关照"——那是费钧德先生每次从外地出差回到厂里，总要到车间转一转。每次看到我，总会关心我们的工作，经常来到我们工作的地方和我们拉家常,叮嘱我们要安全生产,要注意学习,要团结友爱,要注意身体。开始,我们以为这是他的"规定动作",久而久之,我们才感受到那是费钧德先生发自肺腑的关爱。他关心我们这样的普通工人,是出于他真诚的爱心和一贯的平易近人的作风。

费根龙说,我和费钧德先生是小学、中学的同班同学。在工作中,我和费钧德先生没有交集,但私底下是无话不谈的好朋友。在学校,我是班长,他是劳动委员。中学毕业后,费钧德先生选择回乡发展,我选择参军。回到界龙村后,我在川沙当了司法助理,为老百姓排忧解难。而他带领界龙人快速走上了致富奔小康之路。现在,我们唯一相同的爱好,就是在家带带小孩,叙叙旧友情。哦,来电话了,他叫我了。对不起,留个电话给你,还有要问的可以打我电话。

高士宇:我不是界龙人,但是界龙人给了我新的生命。我是1994年毛遂自荐来到界龙集团的。我现在主要是做设计工作,也负责一个部门的工作。2008年,我家突发一场火灾,我被大面积烧伤,送入医院抢救。公司领导得到消息后,第一时间到医院看望我,还出乎意料地带来费钧德先生的问候,令我和家属都感动万分。后来,我从家属口中得知,费钧德先生嘱咐公司为我垫付了20万元的医药费。

大火是发生在我自己的家里,和公司没有丝毫关系,但费钧德先生能为我一个外来务工者着想,对工人的爱心满满。更为令人感动的是,治疗中需要一种叫"白蛋白"的药,是非常紧缺的,费均德先生动用了所有的关系,还举行中层干部会议,为我所需药品"找门路"。就这样,我陆陆续续用了20支"白蛋白"。这对于一个农民工,是多大的"面子"啊!

平时,我负责设计部门工作,设计的新思路和客户的特殊要求,都经常得到他的指点,也是成为我当上"上海先进农民工代表"的本钱!

孙菊明:我现在是集团下属印刷公司的厂办主任。早年,我在上海市区的单位工作,1987年下岗了,就来到村里的彩印厂求职。虽然与费钧德先生是老邻居,但还是通过考试才上岗的。我也是设计员,在费钧德先生的鼓励下,我设计了内部股票、加油票。后来，我也去做过销售员，也为公司的业务扩大尽了汗水和气力。去年，因工作需要，我走上了管理岗位。

我眼中的费钧德先生，不仅是一个平易近人的长者，也是一个关心他人比关心自己多的朋友。尤其是关心员工的孩子教育问题和入学问题。刚才发言的高经理，他的女儿考中学差1分，费钧德先生硬是通过关系搞定了，没有花费高经理一分钱。像这样的事例很多，尽管不能统计，但大家心知肚明。

费钧德先生经常主动解决员工的生活困难，也注重他们对知识的渴望，经常派员工外出进修，提高工作本领。他还乐做员工红娘，也善于挖掘员工潜力。总之，他是一位慈父般的长者，是一位严苛的老师，是一位值得信赖的朋友。

张燕萍：我是在界龙做过财务、计划和物流工作的80后，现在是负责采购工作。我是川沙镇人，是通过招聘来到界龙的。一路走来，我感受到界龙的文化氛围是很优秀的。企业文化对于我们年轻人来说，是一个留不留下来的关键。我被费钧德的永不满足的敬业精神所感召的。我是感受到界龙的《劝民歌》和家训词的内涵而来的。当然，离家的路程也不远。

界龙真的是一个值得留恋的企业，在工作中能够得到锻炼的机会很多，学到的本领也够扎实。界龙是个多元化的企业，企业文化建设有着多样性，我们在这里工作，心情愉悦，榜样又多。除了老费总，还有两个小费总的以身作则，带给我们就是不一样的感知。

……
在我心中曾经有一个梦
要用歌声让你忘了所有的痛
灿烂星空谁是真的英雄
平凡的人们给我最多感动
再没有恨也没有了痛
但愿人间处处都有爱的影踪

用我们的歌换你真心笑容

....

采访结束回家的路上,下起了小雨。我似乎感到了界龙人的热情和多情,给我洗去一身疲惫。

来时有清脆的鸟啼,闪耀的露珠,醉人的朝霞,清新的空气带着泥土的芬芳,都在早起的清晨纷至沓来,如约而至地带来一天的惊喜与美好。

坐上1055路公交车,任清风温柔地抚摸着自己的脸庞,飞舞着内心的思绪。树梢上的夏蝉还未能在头顶阵阵地嘶鸣,相信沿路那粉面含羞的,含苞待放的花,都在风中婀娜多姿地摇曳、娉婷——浪漫的夏季正在走来,无愧于人间极好的时节。

偷得浮生半日闲,闭上眼睛,贪婪地呼吸着这纯净的空气,感觉着如画如诗的风景。这诗意的画面还有所谓的远方无数次地在梦里徘徊,让自己没有思考地就融入到里面,是否能写出符合要求的文章?真是别样的惊喜又别样的放松。

——界龙,我还会再来的!

作　　者：蔡贡民
创作格言：生活是取之不尽的写作宝藏源泉，也是作者用之不竭的成长源泉。

人生依旧笑春风

——费钧德轶事

2019年春节前夕，收看央视《记住乡愁》介绍历史名镇川沙的节目，看到费钧德接受采访的画面，不禁感慨不已。毕竟是73岁的人了，时光染白了他的双鬓，在他的脸上刻上了岁月的印痕，但他壮心未已，风采依然，气质不减当年。更使我感慨的是，当年川沙乡镇企业的知名人物何其多矣，但像老费这样不忘初心，一直坚持到现在的，却并不多。细节决定成败。高楼大厦是一砖一石砌起来的，人生也是由无数个故事缀成的。于是感慨之余，想起了有关老费的一些轶事。现在，我把这些轶事写下来，大家或许能从中窥见老费的品德风格，也能从一个侧面找到他红旗不倒永不止步勇往直前的缘由。

庄书记慧眼识英才

费钧德是界龙彩印厂的创始人,也是界龙企业发展的"领头羊",然而,在改革开放前的漫长岁月中,他由于背着"富农子弟"的沉重包袱,有价值而无地位,一路走来尽是坎坷险阻。

1962年,他在川沙中学读完初中,尽管品学兼优,但碍于出身成分问题,即使考上了也不会被录取,因此竟不敢考高中,选择回家种田。

在那个阶级斗争年年讲月月讲天天讲的年代,大队干部哪里顶得住这样的压力,只得把费钧德召回乡下。那是1971年,当时政策不容许搞村办企业,再说当地大多数老百姓对村搞企业持怀疑态度,认为集体搞企业,让搞的人吃吃喝喝,到后来搞不成功,反而让集体欠了一屁股债务。然而,村领导觉得不办企业村里就没有出路,就顶着压力,在1972年请费钧德再去上海协调,让小五金厂活起来。费钧德义不容辞,又去建国螺丝厂拉来了业务。小五金厂又响起了热闹的机器轰鸣声。1973年,费钧德着手创建小印刷厂,但他的心情还是很压抑:为什么办企业这样难啊!

前途迷茫,出路何在?党的十一届三中全会拨乱反正,让多少人改变了命运,也给了费钧德新的生命。1984年,乡党委任命庄正法担任界龙村支部书记。此时,费钧德已是界龙彩印厂的副厂长。庄正法也是界龙人,对费钧德的人品和才能知根知底。要不是所谓的出身成分,界龙还真留不住这样的人才呢!为了发展界龙经济,庄正法一上任就提出让费钧德担任印刷厂厂长。

顿时,平静的界龙村好似炸开了油锅,各种议论都传了出来。有人说,费钧德出身富农家庭,这种人只能利用,不能重用;有的说,别看费钧德工作积极,还不是想多捞钞票?更有甚者,向上级告状,说庄正法上任只有两个月,便要把费钧德提拔为厂长,背后是否有什么"猫腻"?

对于这些风言风语,庄正法泰然处之。他在支委会上分析了提意见和告状者的思想动机后,慷慨激昂地说:"我们不能再搞唯成分论那一套了。费钧德是 60 年代的初中生，有文化，有理想，有钻劲，头脑灵活，事业心强，精通业务。自他担任彩印厂副厂长以来，彩印厂的客户一年比一年多，业务量一年比一年增加。这样的人才不能重用，还能重用谁呢？对此不理解的人有些议论不足为奇，但我们自己要保持清醒的头脑，只要是做得对的，就要坚持下去！"

支委会在做了进一步分析后，觉得费钧德完全能够胜任彩印厂厂长的职务，一致同意庄正法的提议。

费钧德当上厂长后，首先向村领导和乡亲们郑重地做出承诺。因为当时邻村和社会上确实存在着这样的情况：哪怕是贫下中农和党员干部搞的村办企业，也有人在搞好之后就慢慢地把企业转出去，由他们个人经营，而把原来的厂子挖空了，给村里留下一个空壳子。界龙村群众中有人怀疑费钧德也会这样做。费钧德看出了乡亲们的心思，他在领导和乡亲们面前无数次表态："请大家相信我费钧德，一定不会把我们界龙村的企业搞坏，而自己出去另办个人企业。"

费钧德很快理顺了厂内的各种关系，彩印厂的产值利润连年攀升，成为黄楼乡的龙头企业。1986 年 9 月，费钧德加入了中国共产党。1987 年，庄正法调到乡里担任副乡长，推荐费钧德挑起了界龙村党支部书记的大梁。

用对一个人，能富一个村。从此，界龙村开始走上腾飞之路。

孟建柱拍板引人才

"企业的竞争，说到底是人才的竞争。"这是我在采访老费时经常听到他说的一句话。

为了招贤引才，老费殚心竭虑，孜孜以求。

时至上世纪 80 年代初，界龙厂已在全国印刷界声名鹊起，但老费并未因此而沾沾自喜，相反更加意识到人才匮乏的潜在危机。虽说办厂以来，已经培养了大批农民出身的技术人员，聘用了一批退休老师傅和工程师，还在厂里办起了印刷技术中专班，但要使更多的职工掌握印刷技术，可不是一朝一夕的事,更何况厂里还要引进先进的印刷设备,印刷技术将会变得更加复杂,人才也就显得更加紧缺了。怎么办呢?老费陷入了深思。他跑县人事局,跑县劳动局,跑县级机关的其他部门,请这些部门为界龙物色技术人才;他找到印刷界的朋友,委托他们推荐专业技术人员;他在《组织人事信息报》上刊登广告,表明界龙彩印厂以优厚的待遇向技术人才敞开大门;他还在市九届人代会上提交了应向乡镇企业输送大专毕业生的提案。

机会终于来了。这一天,时任共青团川沙县委副书记的孙童找到费厂长,向他提供了一条信息:一位名叫龚忠德的青年助工家在唐镇,希望从无锡外贸彩印厂调到川沙工作。这真是天赐良机哪。当老费听说小龚是北京印刷学院第一届毕业的本科生时,更是喜上眉梢,不假思索地约请他来厂面谈。

几天之后,龚忠德出现在费厂长的办公室里。对这位相貌英俊、文质彬彬,有着一定的理论知识和丰富的实践经验的青年技术人员,老费真是一见钟情,相见恨晚,当即拍板:你什么时候回川沙工作,我什么时候接你到界龙来!

可是,好事总是多磨。小龚是中国包装进出口总公司无锡外贸印刷厂的技术骨干,还在那里担任着技术培训工作,对方也舍不得放走这匹千里马哪。再说,按照当时的人事体制,小龚从无锡调来后,户口落到哪里去呢?费厂长要人的决心既已下定,这些问题也就难不倒他了。面谈后有一个问题,龚忠德是大学生,是干部编制,而且是居民户口,因界龙是村办企业,没有城市居民户口。为此,费钧德向当时的县委书记孟建柱请求,孟书记不假思索地说,没关系,把龚忠德的关系放在我县属企业里,工作到你界龙彩印厂,就这样,把人事、工作关系处理好了。县乡镇工业局的大力支持,县外贸公司经理徐永康亲自出马,与费厂长一起,专程驱车赶到无锡外贸彩印厂,说动对方同意小龚调回川沙工作;小龚的人事关系放在县乡镇工业局;工资由界龙彩印厂划给乡镇工业局。

龚忠德正式来界龙彩印厂上班了。毕竟是全国名牌厂出来的技术骨干,加上他勤奋、谦虚、负责的精神,界龙厂又有着许多需要他做的工作,他如鱼得水,如虎归山,很快在调查摸底的基础上,拿出了全厂生产发展规划,还与外商达成了引进整套制版、高速粘盒机、海德堡五色胶印机、全自动切纸机等先进设备的协议。这些机器投入使用后,界龙厂的利润当年就增长了30%。

为了爱护人才,也为了吸引更多的人才,厂里为小龚提供了液化气罐,还为他在县城购买了一套住房。小龚住进了当时川沙镇上设施最好的新居时,内心更是增添了为界龙厂奉献一切的豪情壮志。

当有的企业老板以"武大郎开店"的思想方式经营自己企业的时候,费厂长却千方百计招聘技术高于自己的人才,这或许也是界龙厂年年有发展的奥秘吧!

走出国门引入新思想

改革开放,使昔日"手捏铁鎝柄,眼望高烟囱"的浦东农民,站到了"身在家门口,眼望全世界"高度。

界龙彩印厂的产品,销往东南亚、欧美等世界各地。但是,外面的世界究竟是什么样子?费钧德很想出去看看。

果然,外面的世界很精彩;每次出国,老费都有收获。

1984年初春,费厂长带领龚忠德等企业骨干分两批前往德国和日本考察。所到之处,他们领略了那里的现代文明:马路上看不到有人吐痰,看不到人和车辆闯红灯,商店的服务员彬彬有礼。当然,看得最多的,是那里工厂的先进设备和工人的良好素质。而这两样东西,不正是费厂长多年来所追求的么?随着包装行业的发展,原有的凸印技术越来越不能满足客户的需求了。一笔笔大宗的业务就此从眼皮底下跑掉。这次海外考察,坚定了他从国外引进先进设备的决心。当年底,界龙厂引进了海德堡胶印机、压光机等先进设备;1986年,高速全能不干胶商标印刷机、国内最先进的双色胶印机等高端先进设备,也漂洋过海来到了界龙厂。有了梧桐树就能引来金凤凰,先进设备给界龙插上了腾飞的翅膀!

1987年4月的一天,费钧德结束了为期一周的新加坡之行,召开厂部办公会议商量与新加坡协茂公司联办现代纸品有限公司的事。会议才开始,有人向他扔来一支外烟。老费接过烟,却没有往嘴上放。他环顾室内十几条喷云吐雾的"小火龙",严肃地说:"我建议,从今天起,把办公室内不准吸烟列为厂规。"他向大家介绍,在新加坡协茂公司,每一间办公室都看不到吸烟的人,公司禁止吸烟,即使陪伴客人也无敬烟习惯。"这就是文明。文明是企业的灵魂啊!"费厂长话音刚落,十几支"小火龙"相继熄灭。老费的脸上露出了满意的笑容。

说话间,有客户来访,已是午饭时分,可巧食堂停伙,费厂长陪客人到镇上的一家饭店吃午饭。服务员递上菜单,老费很快点了四菜一汤。服务员好生奇怪:费厂长一向好客,今朝怎么寒酸起来?老费看出了他的心思,说起了在新加坡的一件趣事。到新加坡的头天晚上,协茂公司董事长黄福华先生在濠景大饭店宴请费厂长一行,上了炒虾仁、青菜、蘑菇等七道中国菜。一会儿,菜碟只只见底,黄先生问大家吃饱了没有。尽管饥肠辘辘尚未填饱,但出于礼仪,费厂长他们都说吃饱了。谁知以后真的再没有上菜,大伙只得在宴会结束后再到别的店铺吃面条。事后,费厂长了解到,新加坡政府有规定,菜点多了吃不掉造成浪费,是会被罚款的。

说完这件事,费厂长不无感慨地说:"我们总认为,有客人来,菜上少了,会失面子,其实,这既浪费,又不文明。这种旧观念必须改一改了。"

而1992年11月的考察美国之行,更使费厂长的思想观念和管理水平得到了升华。随着企业发展,一些问题也相继萌生。例如,公司的一名供销人员,凭着企业的产品质量和信誉,承接到大量业务,他本人也富了起来。但他欲壑难填,竟采用少开货款发票的手段,侵吞企业资财,结果东窗事发锒铛入狱。这说明,人总得有一点精神,不能一心只想发财。还有一些人,光想从企业得到好处,无心也无能力为企业做出贡献,有的甚至认为自己干活是在为老板干。有这种思想和行为的人,说到底也是缺少了一种精神。那么,这是一种什么精神?用什么样的口号来概括这种精神,才能最容易被员工接受?老费一直思考着这个问题。这次到美国考察,他发现那里不管是大公司还是小企业的员工,工作都十分认真负责。问他们为何如此卖力?对方回答说,企业是一个团队,自己是团队中的一员,团队发展了,个人才能发展。所以,我们这样卖力,既是在为老板和股东干,也是在为自己干。这让老费深受启发。

回国后，他就提出了"团队精神"的口号，引导员工明白这样的道理：界龙厂是一个团队，从厂长到员工，都是这个团队的一员，只有每一个团队人员自觉地在企业里施展才能，创造出好的产品和业绩，才能实现各自的目标。"团队精神"的提出，有效地提升了界龙彩印厂乃至后来的界龙集团的管理水平。

与媒体真心交朋友

　　我是在一次误打误撞的偶然机会中认识费钧德的。1982年秋天的一个下午，阳光明媚，秋风送爽。我骑着自行车去黄楼镇寻找一家印刷厂，制作通讯员证件的塑料封套。在周川公路边上，我看到一块写着"上海界龙外贸彩印厂"的厂牌，就拐了进去。接待我的正是时任彩印厂副厂长的费钧德。他穿着一身蓝色学生装，眉清目秀，风流倜傥，气度不凡。界龙厂不做塑料封套，但他听说我是县广播电台的记者，便热情地和我交谈起来。这是老费第一次接触记者。我们差不多都是共和国的同龄人，有着共同的人生经历和思想观念，因此越谈越投机。他向我介绍他的个人经历和他们厂的发展历程，一谈竟谈了一个多小时。从此，费钧德在我记忆中留下了深刻印象，也成了我日后重点采访的对象。

　　1987年，《解放日报》组团考察海南，争取到界龙彩印厂的赞助。我随团而行。临行前，《解放日报》记者顾许胜和杜宣、李连泰、齐铁偕等沪上文化名人来到界龙厂采风。杜老是诗人、作家，又是书法家，在听了老费介绍后，即席赋诗一首："浦东黄楼镇，界龙独有名；彩印办得好，富了一村人"，接着又挥毫泼墨，写下了"千元创业，亿万前程"八个大字。其时，休说亿万，就是百万千万，对于许多乡镇企业来说，也只是水中之月、镜中之花罢了。而杜老的题词，却使费钧德站到了企业发展的新的制高点上。果不其然，杜老一语成谶，经过数十年努力，界龙村已经成了名副其实的亿元村！

　　这一年，《解放日报》举办报告文学征文活动，我和县广播电台的曹刚强前往界龙采访费厂长，其间有个小插曲。以前采访乡办企业时，一些厂长经理十分忌讳村办厂，特别关照我们不要写明他们厂是乡办企业或村办企业。当我们就此问题征求老费意见时，他爽朗地说："村办企业有什么不光彩的呢？我们村办厂能办到这样的规模，取得这样的成绩，是一件了不起的事。假如自轻自贱，只会被别人看不起。"于是，我们以《一个村办厂长的人生片断》为题写成报告文学，先后刊登在《解放日报》市郊版的"晨露"副刊和《解放日报》的"朝花"副刊上，一时轰动上海市郊。过两天我到界龙采访，老费眉开眼笑地说："想不到报纸宣传的效果竟这么大。昨天我们厂的送货车经过枫泾收费站时，被收费站的工作人员拦了下来，说你们厂长上报纸了。"

自从结交上顾许胜后，老费每年请他来界龙采风，顾许胜在《解放日报》上发表了"中国农村第一股"等多篇介绍界龙的报道。

2004年8月，界龙厂举行建厂30周年庆祝活动。我建议老费在东方城乡报上登载一个广告宣传版面。老费不打回票，说："《东方城乡报》是市农委领导的报纸，也是我们自己的报纸，理所当然应该支持。"我连夜赶写了一篇4000多字的介绍界龙彩印厂前世今生的通讯。文章写好后，我被取标题的事难住了。当晚正在播放电视剧《大染坊》，剧中由侯勇扮演的陈六子在青岛开了个染布厂，为扩大影响，在当地的报纸打出了"染出一片新天地"的广告语。受此启发，我便以"印出一片新天地"作为这篇通讯的标题，请老费审稿时，他兴奋地说："写得好，我们界龙村的今天就是印出来的！"

"老骥伏枥，志在千里"。写完这篇文稿的时候，我的心久久不能平静。我想起了2015年被收集在上海市乡镇企业协会编著的《异军突起》里的关于费钧德的一篇文章，这篇文章的题目是：《我为了对乡亲们的一个承诺》。什么承诺呢？就是"我费钧德办企业，不是为了个人发财，而是为了让乡亲们共同富裕起来！"我的眼前又浮现出几个感人的画面：在界龙村党委换届选举大会上，费钧德向全体党员公示了自己的家庭财产，获得了经久不息的掌声，并高票当选为界龙村党委书记；在界龙村企业改制动员大会上，他慷慨陈词："企业改制了，但企业员工一个不能下岗！"台下又响起雷鸣般的掌声。此时此刻，我的耳边还响起了前不久费钧德在川沙新镇文广中心和浦东作协川沙分会编写出版的《聚沙成塔》一书的首发式上的讲话："没有改革开放,就没有界龙的今天,也没有我费钧德个人的今天。个人的前途和命运,是与国家的前途和命运联系在一起的。我虽然年逾古稀,但还要为川沙的发展、浦东的发展发挥余热,为实现伟大的中国梦做出应有的贡献!"

是啊,心中有国家,有人民,前途才光明。我从心底里祝愿老费永葆青春,祝愿界龙集团在老费的引领下百尺竿头更进一步!

龙腾四海

词:陈念祖
曲:左翼健

1=D 2/4

（乐谱）

彩龙飞万里　泱泱寄情怀　巨龙翔天地
彩龙飞万里　泱泱寄情怀　巨龙翔天地
浩浩显气派　我们是毕昇的传人　彩印千姿百态
浩浩显气派　我们讲创新的故事　各业尽显风采
沟通美丽　传承文化　包装崭新时代啊
创新务实　团结奋进　倾注真情挚爱
印城风采　龙身腾跃　彰显气概　让太阳和
月亮　为我们喝彩　界龙腾飞在五洲四海
海啊五洲四海

D.S

界 龙 颂

(上海界龙发展总公司京歌表演唱)

薛锡祥 陶振扬词
任 丹 生曲